QUANMIAN TUIJIN

ZHONGGUOSHI SHEHUI JIANSHE XIANDAIHUA

全面推进
中国式社会建设现代化

宋贵伦/著

人民出版社

目　录

导　言　一个重大的历史性课题

——关于正确理解和大力推进中国式现代化

中国式现代化，语言十分简洁，但真正理解起来并不简单，做起来就更不容易。中国式现代化是一个重大的历史性课题！在这个重大问题上，要统一思想认识、凝聚奋斗力量。这也是进一步深入学习党的二十大精神的必要性所在，也是习近平总书记强调"正确理解和大力推进中国式现代化"的重要意义所在。

一、党的二十大提出了一个重大的历史性课题：
推进中国式现代化

中国式现代化
理论是党的
二十大的一个
重大理论创新

2023年2月7日，习近平总书记在学习贯彻党的二十大精神研讨班开班式上的讲话中指出，概括提出并深入阐述中国式现代化理论，是党的二十大的一个重大理论创新，是科学社会主义的最新重大成果。他强调，要正确理解和大力推进中国式现代化，并全面、深入、系统地阐释了关于中国式现代化的一系列重大理论和实践问题。密切结合实际，认真学习贯彻党的二十大和习近平总书记重要讲话精神，正确理解和大力推进中国式现代化，是当前和今后各项工作的中心任务。

二、要深刻理解中国式现代化是强国建设、
民族复兴的唯一正确道路

习近平总书记指出，中国式现代化，是我们为如何唤醒"睡狮"、

实现民族复兴这个重大历史课题所给出的答案。

在半殖民地半封建社会的旧中国，要实现现代化是不可能的。新中国的成立和中国特色社会主义制度的建立，为实现现代化创造了根本社会条件，奠定了根本政治前提和制度基础。1954 年，我们党就明确提出要把我国建设成为一个具有现代农业、现代工业、现代国防和现代科学技术的社会主义强国。经过 20 多年的艰辛探索，我们取得了独创性理论成果和巨大成就，为现代化建设提供了宝贵经验、理论准备和物质基础。改革开放以来，我国全面推进社会主义现代化建设，取得了举世瞩目的成就，开启了中国式现代化的新长征，为中国式现代化提供了充满新的活力的体制保证和快速发展的物质条件。

深刻认识中国式现代化的发展逻辑

党的十八大以来，我们党在已有基础上继续前进，不断实现理论和实践上的创新突破，成功推进和拓展了中国式现代化。一是在认识上不断深化，创立了习近平新时代中国特色社会主义思想，实现了马克思主义中国化时代化新的飞跃，为中国式现代化提供了根本遵循。进一步深化对中国式现代化的内涵和本质的认识，概括形成中国式现代化的中国特色、本质要求和重大原则，初步构建中国式现代化的理论体系，使中国式现代化更加清晰、更加科学、更加可感可行。二是在战略上不断完善，深入实施科教兴国战略、人才强国战略、乡村振兴战略等一系列重大战略，为中国式现代化提供坚实战略支撑。三是在实践上不断丰富，推进一系列变革性实践、实现一系列突破性进展、取得一系列标志性成果，推动党和国家事业取得历史性成就、发生历史性变革，特别是消除了绝对贫困问题，全面建成小康社会，为中国式现代化提供了更为完善的制度保证、更为坚实的物质基础、更为主动的精神力量。

历史证明，中国式现代化，是我们党领导人民长期探索和实践的重大成果。这条路走得通、行得稳，是强国建设、民族复兴的唯一正确道路。新时代新征程，中国共产党的中心任务就是团结带领全国各族人民全面建成社会主义现代化强国、实现第二个百年奋斗目标，以中国式现代化全面推进中华民族伟大复兴。

三、要深刻理解中国式现代化是中国共产党领导的社会主义现代化

习近平总书记指出，党的领导直接关系中国式现代化的根本方向、前途命运、最终成败。中国人民之所以能够扭转近代以来的历史命运，探索出中国式现代化道路，最根本在于党的领导。中国共产党领导的社会主义现代化，是对中国式现代化的定性，是管总、管根本的。

党的领导决定中国式现代化的根本性质。党的性质宗旨、初心使命、信仰信念、政策主张，决定了中国式现代化是社会主义现代化，而不是别的什么现代化。只有毫不动摇坚持党的领导，中国式现代化才能前途光明、繁荣兴盛，否则就会偏离航向、丧失灵魂，甚至犯颠覆性错误。党的领导确保中国式现代化锚定奋斗目标、行

稳致远。全面建设社会主义现代化国家，是我们党矢志不渝的奋斗目标，必须一代一代地接力推进。党的领导激发建设中国式现代化的强劲动力、凝聚建设中国式现代化的磅礴力量。改革开放是决定当代中国命运的关键一招，也是决定中国式现代化成败的关键一招。现代化的最终目标是实现人自由而全面的发展。中国式现代化是亿万人民自己的事业。人民是中国式现代化的主体，是全面建成社会主义现代化强国的决定性力量。只有紧紧依靠人民，尊重人民创造精神，汇集全体人民的智慧和力量，才能推动中国式现代化不断向前发展。

四、要全面把握推进中国式现代化的重要特征、本质要求和重大原则

习近平总书记指出，一个国家走向现代化，既要遵循现代化一般规律，更要符合本国实际，具有本国特色。中国式现代化是我们党深刻总结我国和世界其他国家现代化建设的历史经验，对我国这样一个东方大国如何加快实现现代化进行不断探索形成的思想理论结晶。党的二十大集中概括了中国式现代化的重要特征、本质要求和重大原则，是对推进中国式现代化的顶层设计。

完全把握推进中国式现代化的重要特征、本质要求和重大原则

中国式现代化有五个重要特征：一是人口规模巨大的现代化，二是全体人民共同富裕的现代化，三是

物质文明和精神文明相协调的现代化，四是人与自然和谐共生的现代化，五是走和平发展道路的现代化。这一表述，是基于中国国情的判断，阐明了中国式现代化的科学内涵。

中国式现代化的本质要求是：坚持中国共产党领导，坚持中国特色社会主义，实现高质量发展，发展全过程人民民主，丰富人民精神世界，实现全体人民共同富裕，促进人与自然和谐共生，推动构建人类命运共同体，创造人类文明新形态。这九条本质要求明确了全面推进中国式现代化的基本任务和重要着力点。

推进中国式现代化，必须牢牢把握五个重大原则，即坚持和加强党的全面领导、坚持中国特色社会主义道路、坚持以人民为中心的发展思想、坚持深化改革开放、坚持发扬斗争精神。这"五个坚持"，都是方向性、根本性、原则性的重要遵循。

五、要全面把握推进中国式现代化需要
正确处理的一系列重大关系

完全把握推进中国式现代化需要正确处理的一系列重大关系

习近平总书记指出，推进中国式现代化是一个系统工程，需要统筹兼顾、系统谋划、整体推进，正确处理好一系列重大关系。

一是正确处理顶层设计与实践探索的关系；二是正确处理战略与策略的关系；三是正确处理守正与创新的关系；四是正确处理效率与公平的关系；五是正确

处理活力与秩序的关系；六是正确处理自立自强与对外开放的关系。

这六个重大关系，是正确理解中国式现代化的"金钥匙"。

六、深入研究和大力推进中国式社会建设
　　现代化任重道远

推进中国式现代化是一个长期任务，还有许多未知领域有待探索，要进一步加强理论研究和实践创新，使我们的认识、政策、举措更加符合客观规律，不断拓展中国式现代化的广度和深度，以中国式现代化推进中华民族伟大复兴，不断为人类作出新的更大贡献。

深入研究和大力推进中国式社会建设现代化任重道远

社会建设是"五位一体"总体布局的重要组成部分。多年以来特别是党的十八大以来，在推进中国式现代化的历史进程中，社会建设理论体系不断完善，社会建设实践探索不断取得创新成果，但无论在理论和实践上，社会建设扬优势、补短板、强弱项的任务仍很艰巨繁重。要以习近平新时代中国特色社会主义思想和党的二十大精神为指导，牢牢把握中国式现代化的中国特色、本质要求、重大原则、重大关系，把握中国式社会建设现代化的时代特征、中国特色、规律特性、实践特点，从宏观顶层设计、中观运行机制、微观基层基础等视角进行系统研究、全面推进。以下各章将就有关重点问题分别论述。

第一章 全面不全面，尤其看社建

——关于中国式社会建设现代化的目标任务

"小康不小康，关键看老乡。"这是习近平总书记经常讲的一句话。我国经济社会发展的关键是在发展中增进民生福祉，即以保障和改善民生为重点加强社会建设。社会建设的短板弱项还很多，发展不平衡、不充分的问题尤为突出。在全面推进中国式现代化的新形势下，站在整体推进"五位一体"现代化的新高度，我们是否也可以这样说：全面不全面，尤其看社建？答案是肯定的。

一、全面推进中国式社会建设现代化的重要意义

1. 加强社会建设是人类社会发展规律的本质要求

2012 年 11 月 15 日，面对中外记者，新当选的中共中央总书记习近平就代表党中央作出庄严承诺，人民对美好生活的向往就是我们的奋斗目标。这是对建设中国美好社会作出的庄严承诺，也是对推动人类社会发展作出的庄严承诺。

加强社会建设是人类社会发展规律的本质要求

向往幸福美好生活、渴望社会公平正义是人类社会的共同追求。早在 20 世纪 50 年代，第二次世界大战结束后，英国等欧洲国家在快速恢复经济的同时，明确提出把建设"福利国家"作为"欧洲社会的时代精神和基本制度"，核心内容是"3U"思想："Universality"（预防社会风险的普享性原则）、"Unity"（福利行政管理的统一性原则）和"Uniformity"（每人受益的均一性原则）。到 1965 年，美国也通过立法推进社会政策变革，开始实施所谓"伟大社会计划"，其核心内容也有三个方面：一是在教育方面，提出向贫困大学生贷款和实施奖学金制度等；二是在医疗方面，提出向符合条件的人群提供医疗保

险和补助等；三是在民权方面，提出禁止种族歧视等。随后，许多实行资本主义制度的国家和地区，也追随英美加快发展社会事业。20世纪末，南美一些国家陷入"中等收入陷阱"，引起全球重视社会问题。21世纪初，随着经济建设和改革开放取得明显成效，我国把社会建设提上了重要议事日程，特别是2007年党的十七大正式把社会建设纳入了中国特色社会主义事业总体布局，党的十八大以来把社会建设放在了更加突出的地位。回顾世界百年风云变幻，加快推进社会建设成为时代潮流，加强社会建设是人类社会发展规律的本质要求。

2. 加强社会建设是社会主义建设规律的本质要求

我们应当认识到，第二次世界大战结束后，欧美资本主义国家开始重视社会事业发展，这是从工人武装暴动中得到的教训，是从马克思主义中受到的启发，是从社会主义思想中拿走的理论。加强社会建设、增强人民福祉，这本不姓"资"，而是姓"社"。

什么是社会主义？社会主义制度的优越性在哪里？其实，姓"社"与姓"资"的不同，社会主义与资本主义的区别，不仅有主义之分、制度之别、文化的差异，还有道路的不同。社会主义走的是人民至上、社会为基的道路，坚持的是以马克思主义为指导，实行的是在党的领导下政府、市场、社会"三位一体"、形成合力的制度，弘扬的是优秀社会文化；而资本主义走的是资本为基、金钱至上的道路，坚持的是非马克思主义理论，实行的是"三权分

加强社会建设是社会主义建设规律的本质要求

立"的制度，鼓吹的是市场导向的文化。所以，中国特色社会主义制度有优越性，我们要坚定道路自信、理论自信、制度自信、文化自信。

也正是在这个意义上说，社会主义更应该把社会建设好。过去我们常讲，贫穷不是社会主义，社会主义要消灭贫穷。随着思想认识的深化，今天我们还应当说，社会建设落后同样也是不够格的社会主义。我们仍处于社会主义初级阶段，不仅是指经济发展水平，也包括社会建设水平。我们应当按照党中央的战略部署，在全面建设社会主义现代化国家的新征程上，把推进中国式社会建设现代化放在更加突出的地位，认真抓紧抓实抓好。

3. 加强社会建设是中国共产党执政规律的本质要求

习近平总书记在庆祝中国共产党成立 100 周年大会上指出，中国共产党一经诞生，就把为中国人民谋幸福、为中华民族谋复兴确立为自己的初心使命。回顾建党百年光辉历程，中国共产党之所以有力量、创辉煌，是因为党始终与人民在一起，始终依靠全社会共同奋斗，始终重视加强社会建设。团结人民群众、凝聚社会力量，是中国共产党的制胜法宝。让人民生活更美好、让社会发展更进步，是中国共产党的不懈追求。

加强社会建设是中国共产党执政规律的本质要求

在新民主主义革命时期，我们党从群众中来，到群众中去，放手发动群众，建立广泛统一战线，把人民紧密团结起来，把社会广泛动员起来，党依靠人民团结、全社会共同奋斗，打败了强大的敌人，实现了民族独立、人民解放，为实现中华民族伟大复兴创造了根本社会条件。

在社会主义革命和建设时期，党通过实行一系列理论、路线、方针和政策，把广大人民群众的热情充分调动起来，把全社会力量动员组织起来，党依靠人民团结、全社会共同奋斗，实现了从新民主主义到社会主义的转变，取得了社会主义革命和建设的成就，实现了人民当家作主、社会发展进步，为实现中华民族伟大复兴奠定了根本政治前提和制度基础。

在改革开放和社会主义现代化建设新时期，党坚持解放思想、实事求是的思想路线，大大激发了社会创造活力，解放和发展了社会生产力，走出了一条中国特色社会主义道路。党依靠人民团结、全社会共同奋斗，使人民摆脱贫困、尽快富裕了起来，为实现中华民族伟大复兴提供了充满新的活力的体制保证和快速发展的物质条件。

党的十八大以来，中国特色社会主义进入新时代。党进一步依靠人民团结、全社会共同奋斗，促使党和国家事业发生历史性变革、取得历史性成就，实现了第一个百年奋斗目标，正向着全面建成社会主义现代化强国的第二个百年奋斗目标迈进。带领全国各族人民以中国式现代化全面推进中华民族伟大复兴，成为中国共产党的中心任务。其中，社会建设现代化是基础性、长远性、根本性的任务。加强社会建设是中国共产党执政规律的本质要求，也是中国式现代化建设规律的本质要求。

二、建构中国式社会建设现代化体系

1.加强社会服务体系建设

加强社会服务体系建设，这是中国式社会建设现代化的首要任务。

党的十九届四中全会强调，要完善国家基本公共服务制度体系，注重加强普惠性、基础性、兜底性民生建设，并创新公共服务提供方式。加强社会服务体系现代化建设，要充分发挥政府、市场、社会主体的作用，不断完善基本公共服务体系、生活服务体系、公益服务体系，要着力解决人民群众急难愁盼问题，着力增进民生福祉，着力提高人民生活品质，扎实推进共同富裕。

加强社会服务体系现代化建设

我国社会服务体系由基本公共服务体系、生活服务体系和公益慈善服务体系构成。当前，我国社会服务体系制度框架已基本建立，但按照现代化水平而言，基本公共服务体系建设还是初步的，生活服务体系、公益慈善服务体系建设的任务尤其艰巨繁重。

基本公共服务是指政府为了保证国民基本生存和发展权利的实现，而提供的相应物质基础设施或公共政策制度安排。加强基本公共服务体系建设的重点任务包括：促进基本公共服务均等化和标准化建设，不断推动区域基本公共服务缩小差距，加快城乡基本公共服务制度统筹，优化基本公共服务对象认定制度，健全完善基本公共服务标准体系，推动基本公共服务达标，以及推动基本公共服务标准动态调整常态化、制度化等主要内容。

生活服务是指满足居民最终消费需求的服务活动。涵盖绝大部分政府承担全部或部分供给责任的公共服务内容，同时也包括完全由市场供给的个性化、多样化的居民消费、保障等相关服务；既有全体人民均等享有的免费服务，也有广大群众共需共享的普惠服务，还有居民自我消费享受的个性服务。加强生活服务体系建设的重点任务是，推动重点行业创新融合发展和生活服务品牌化、标准化建设。

公益慈善服务主要包括公益、慈善和志愿服务。公益服务主要涉及社会救助、优抚、残疾人、儿童、妇女、老年人、城乡低保、文化体育、社区服务、社会组织、环境保护、民政服务等多个领域，旨在为社会的弱势群体提供基本生活保障和基本服务保障。慈善服务通常指的是捐赠、赠予、志愿服务等形式的慈善行为，旨在通过慈善机构和组织来帮助需要帮助的人，解决他们生活和发展中的问题。志愿服务则是指个人或组织自愿参加社会公益活动的行为，包括义务教育、环境保护、文化传承、医疗卫生、救援救灾等多个领域，旨在通过志愿者的参与和行动来促进社会进步和公益事业的发展。加强公益慈善服务体系建设，一是完善政策法规和制度规范，为公益服务、慈善服务和志愿服务提供法律保障和制度支持；二是加大财政投入和税收优惠，为公益服务、慈善服务和志愿服务提供经费保障和激励机制；三是加强组织建设和人才培养，为公益服务、慈善服务和志愿服务提供人力资源保障和专业化支持；四是加强监督管理和评估考核，为公益服务、慈善服务和志愿服务提供质量保障和效果反馈等。

2.加强社会治理体系建设

我国社会治理体系是指在中国共产党领导下，政府、市场、社会等多元主体，通过法治、德治、自治、智治等多种方式，协调处理社会关系、解决社会问题、维护社会秩序、促进社会和谐的制度安排和运行机制。我国现代社会治理体系内容主要包括"党委领导、政府负责、民主协商、社会协同、公众参与、法治保障、科技支撑"等方面。其中，完善总揽全局、协调各方的党委领导体系，是根本保证；完善联动融合、集约高效的政府负责体系，

加强社会治理体系现代化建设

是主要任务；完善多党合作、政治协商的民主协商体系，是基本要求；完善开放多元、互利多赢的社会协同体系，是根本动力；完善人人尽责、人人享有的公众参与体系，是重要基础；发挥法治保障作用，是社会治理的最优模式；发挥科技支撑作用，是社会治理现代化的重要标志。

社会治理体系现代化要以国家治理现代化为目标。社会治理体系就是规范社会权力运行和维护公共秩序的一系列制度和程序。在国家治理体系和治理能力现代化目标下，社会治理是基础性、长远性、根本性任务。离开国家治理的社会治理，就脱离了国情、迷失了目标和方向；离开社会治理的国家治理，就脱离了社情、失去了根基和源泉。我国全面深化改革的总目标是完善和发展中国特色社会主义制度，推进国家治理体系和治理能力现代化，实现国家治理的民主化、法治化、文明化、科学化和系统化。

社会治理体系现代化要以市域社会治理现代化为切入点和突破口。区域协调发展战略是国家重大战略之一。我国面积大、人口多，区域经济社会发展不平衡的问题十分突出。推进区域社会治理协同发展，特别是推进市域社会治理现代化，是推进社会治理现代化的切入点和突破口，是实施区域协调发展战略的重要任务和基本保障。市域社会治理在治理层级中属中观层面，具有承上启下的枢纽作用，是架设在国家社会治理与基层社会治理之间的桥梁。因此，市域社会治理既要执行落实国家社会治理大政方针，又要指导推动基层社会治理实践。

社会治理体系现代化要以加强基层社会治理现代化为基础。社会治理工作最坚实的力量支撑在基层，最突出的矛盾和问题也在基层，必须把抓基层打基础作为长远之计、固本之策。一是树立大抓基层、大抓基础的政策导向，大力推动社会治理和服务重心向基层下移，把更多资源、服务、管理下沉到基层，健全党组织领导的自治、法治、德治相结合的城乡基层治理体系，健全社区治理和服务机制，推行网格化管理和服务，更好提供精准化、精细化服务。二是完善群众参与基层社会治理的制度化渠道，善于总结提炼各地成熟经验做法，激发群众参与基层社会治理的内生动力。三是抓好基层基础建设的重点难点，要聚焦力量全覆盖，建好社区干部、网格员、志愿者等队伍，发挥群团组织、社会组织作用，发挥行业协会商会自律功能，推动社会治理力量落到最基层；要聚焦要素全掌控，实现对各类基础要素的精准掌控；要聚焦能力大提高，增强基层干部掌握情况、化解矛盾、服务群众本领。

3. 加强社会关系体系建设

社会关系体系可以简单解释为社会各主体间的相互作用和相互影响的总和，它是社会发展的基础和保障。社会关系体系包括政治关系、经济关系、文化关系、法律关系、道德关系等多个方面，它们相互联系、相互制约、相互促进，构成了社会的有机整体。社会生活离不开交往与互动，不同社会交往与互动模式又形成各种各样的社会关系。人与人之间的一切关系都属于社会关系，而人们在社会生产中结成的生产关系是一切社会关系的基础。新中国成立以来，特别是改革开放以来，我国取得了经济高速发展、社会持续稳定两个辉煌成就。与此同时，当前我国社会发展的主要矛盾已经转化为人民日益增长的美好生活需要和不平衡不充分的发展之间的矛盾，尤其是改革、发展、稳定仍然面临许多躲不过、绕不开的深层次问题，构建社会主义和谐社会的任务仍很艰巨繁重。因此，社会建设体系需要建立和谐、公平、民主、法治的社会关系体系，促进社会各个主体的共同发展和利益平衡，实现社会的稳定和进步。

加强社会关系体系和能力建设关键是要做好社会利益协调、社会矛盾调解、社会风险防范、和谐社会构建。社会利益协调的关键在于建立和完善群众诉求表达机制、群众利益协调机制和群众权益协调机制。社会矛盾调解的关键在于建立社会矛盾多元调解体系，加强源头治理，运用社会力量化解矛盾纠纷。社会风险防范的重点在于做好社情民意调查研究，强化社会风险评估与防控，并始终坚持科学民主的原则，依法决策。构建社会主义和谐社会，是党从中国特色社会主义事业全局出发提出的重大战略任务。和谐社会构建的重点在于和谐家庭创建、和谐社区创建、和谐企业创建、民族团结宗教和睦建设和人类命运共同体建设。和谐社会的建设不仅强调个体生活的和谐，还延伸到世界范围的和平共处、构建人类命运共同体。这体现了社会关系全面性的特征，影响着现代生活方方面面。因此，社会建设现代化进程中需要从体系的角度重视社会关系建设。

4.加强社会环境体系建设

这主要是指通过各种手段和措施，促进社会环境体系各方面的协调发展和优化升级，营造一个良好的社会环境，以推动社会建设现代化进程。包括加强社会制度、政策、法治、文化、舆论、秩序等各个方面的建设，不断提升社会治理效能、保障人民幸福感和促进经济可持续发展。中国式社会建设现代化，不仅要在社会制度、政策、法治、文化、舆论和秩序等方面营造良好的环境，更要为经济高质量发展、政府高效率管理、人民高品质生活以及对外高水平开放提供支持和保障，因此，需要大力加强社会环境体系和能力建设。完善的社会环境体系和能力建设主要包括社会制度建设、社会政策体系建设、社会法治建设、社会文化建设、社会舆论宣传、社会秩序构建这几个方面。

社会制度建设是指在政治、经济、文化、法律等方面建立和完善一套行之有效的制度体系，以保障公民权利和促进社会发展。社会制度在一定程度上决定了社会环境的根本属性和状态。加强社会制度建设的内在要求是健全以婚姻家庭制度、收入分配制度、社会保障制度等为主要内容的社会制度体系。一是完善婚姻家庭制度，推动以家庭、家风、家教为核心的家庭环境建设；二是完善收入分配制度，促进共同富裕；三是完善社会保障制度，健全多层次社会保障体系；四是完善社会事业制度，推动公共服务均等化发展。

社会政策体系建设是指国家或政府在满足民生需求和促进社会发展方面，通过制定一系列政策、规划、标准和措施，建立完善的社会保障、社会救助、社会福利等社会政策，以实现社会公平、公正和公共福利的提升。建立健全社会政策体系，能够有效解决市场经济发展中出现的初次分配不均衡所导致的社会矛盾和社会问题，有利于营造和谐稳定的社会环境。加强社会政策体系建设主要有三大着力点，一是调整初次分配政策，提高劳动报酬在初次分配中的比重；二是创新就业促进政策，以更加充分更高质量就业促进劳动者收入水平稳定增加；三是建立健全公益慈善政策，发挥第三次分配调节作用。

加强社会法治建设是指建立和完善法律法规体系，健全法律实施机制，强化法律监督机制，加强公民法律意识教育，提高法律服务质量，以实现社会公正、公平、有序的过程。社会法治建设的目标是建立起权利和义务、公正和公平、秩序和规矩的社会法治环境，保障公民的基本人权和社会公共利益，维护国家安全和社会稳定，推进社会建设现代化。在社会法治建设中，应注重法律的透明度和可操作性，完善法律的制定和修订程序，建立和健全司法体系和法律监督机制，加强对公民的法律教育和法律援助，推动法律实施的全面、公正、有力。简要可以归纳为构建完备的法律规范体系、高效的法治实施体系、严密的法治监督体系，不断推动严格公正司法责任制建设、法治社会建设和党内法规体系建设。

　　社会文化建设是指在一定的社会制度和法治基础上，通过各种方式和手段，推动社会文化的发展和进步，提升社会文明程度和文化水平的过程。社会文化建设既包括对传统文化的传承和弘扬，也包括对新文化的创造和推广。它涉及社会习俗、价值观念、道德规范、知识体系、文化艺术等方面，是一个长期的、复杂的过程，需要全社会的参与和共同努力。通过加强社会文化建设，可以提高人民的文化素质和道德水平，推动全社会形成共同的价值观和文化认同，增强国家文化软实力，促进社会和谐稳定发展。加强社会文化建设，主要是践行社会主义核心价值观，营建良好的公共文化环境，形成浓厚的人文关怀氛围，提升国民文化素质以及营造社会诚信文化氛围。

　　社会舆论宣传是指通过媒体、网络等方式，引导和影响公众的看法、态度和行为，形成共识和价值观，推动社会发展和进步的过程。社会舆论宣传是社会建设的重要方式之一，通过对社会事件的报道、对政策措施的宣传、对社会问题的讨论和解决，社会舆论宣传能够引导和激发公众的创造力和参与意识，增强社会凝聚力和稳定性，推动社会治理和民主建设的进步。同时，社会舆论宣传也需要遵循法律法规和职业道德规范，保持客观公正、科学真实的原则，避免出现虚假报道和不良影响。因此，加强社会舆论宣传，一是要坚持以马克思主义为指导正确引导社会舆论，二是要始终坚持舆论引导中的党性和人民性相统一原则，三是要坚持用社会主义核心价值观引领社会舆论。

　　社会秩序构建是指通过制定和实施各种规章制度、加强公共安全管理、提高社会治理水平等措施，促进社会生活的正常有序进行，维护社会安宁稳定，保障人民群众生命财产安全和合法权益。通过不断推进社会秩序构建，可以有效预防和处理各种社会矛盾和突发事件，促进社会和谐稳定地发展。加强社会秩序构建，就是要保持长期政治稳定，推动经济持续增长，优化社会分配格局，构建广泛文化认同，构建积极安全秩序等。

5. 加强社会动员体系建设

从我国的社会实践出发，社会动员的内涵可以被理解为一种工作方法。它通过利益或政策引导，说服动员对象接纳思想、激励动员对象积极参与，调动社会资源和整合社会力量，实现特定目标。我国有着深厚的社会动员历史文化积淀和实践经验。纵观中国共产党和中国特色社会主义的历史，可以说是一部动员社会、组织社会、依靠社会、服务社会的历史，这也是中国特色社会主义制度优越性的重要体现。在中国式社会建设现代化进程中，广泛动员社会力量，充分依靠广大人民群众，仍然是重要法宝。从新中国建设初期的社会运动到21世纪公共危机治理中防范化解风险，有效的社会动员机制都彰显了中国特色社会主义的制度优势。在新时代背景下，社会动员体系如何在经济体制深刻变革、社会结构深刻变动、利益格局深刻调整、思想观念深刻变化的进程中，适时发展变革以迎接各种新的挑战，是一个时代课题。因此，推进中国式社会建设现代化需要加强社会动员体系和能力建设，主要内容包括加强民主协商、动员公众参与、加强社区建设、加强社会组织建设和推进社会企业发展等。

民主协商是指在中国共产党领导下，各党派、各团体、各民族和社会各界人士围绕改革发展过程中国家的大政方针以及政治、经济、文化、社会生活中的重要问题，在决策之前和决策执行过程中进行协商的一项国家民主制度。它具有明显的政治优势、体系优势和效能优势。它能够保障人民群众具有持续参与公共事务的权利，构建了政府与民众双向沟通的机制，使得民主政治运行效率大大提升。在社会建设现代化工作中，政府在决策过程中应当充分听取和尊重公众意见，开展广泛的民主协商活动，提高政策的透明度和公正性，充分发挥制度优势。

公众参与是指社会人群、社会组织或者社会成员个人作为主体，在权利与义务范围内有目的的社会行动，它是公众通过直接与政府或其他公共机构互动的方式决定公众事务和参与公共治理的过程。社会建设不能仅由党和政府"一手包办"，而是需要公众广泛参与。唤起公众参与社会建设的自觉，完善公众参与社会建设的程序制度，培育公众参与社会建设的责任感，是当前加强和创新社会治理，全面推进社会建设工作的应有之义。因此，动员公众参与社会建设，一是完善相关法律制度，筑牢公众参与的制度基础；二是利用现代技术手段，创新公众制度化参与社会治理的渠道；三是提升公民主体意识，增强公众制度化参与的意识和能力；四是大力发展社会组织，提升公众参与社会治理的组织化程度。

加强社区建设是指在党和政府的领导下，通过整合社会资源、利用社会力量，强化社区功能、完善社区服务、解决社区问题，促进社区政治、经济、文化、环境协调和健康发展，不断提高社区成员的生活水平和生活质量的过程。社区是满足人民美好生活需要的最小城乡单元，加强社区建设有助于破解我国社会主要矛盾、解决发展不平衡不充分问题，更好地满足人民多元化的需求。社区建设是一个持续的过程，应对个体化、异质化和居民需求多样化的挑战，要以重塑社区公共性为目标，着力推动居民自治、培育社区精英、完善社区服务、实现协商共治。

加强社会组织建设是指在党和政府的领导下，通过政策支持、资金投入等方式，促进社会组织的发展，提高社会组织的组织管理水平和服务水平，增强社会组织的社会影响力和公信力。社会组织是民间自愿组织，包括各种非营利性组织、行业协会、基金会、慈善机构等，它们在社会发展中发挥着重要作用。通过加强社会组织建设，可以提高社会组织的服务能力和影响力，使其在民生、环保、扶贫等领域发挥更大作用。社会组织参与社会建设不仅能够有效地解决政府部门治理资源不足的问题，还能够快速地应对各种治理难题，并提高社会建设的专业化水平。同时，加强社会组织建设也可以培育社会力量，推动社会管理创新，加强社会治理能力建设，推动社会建设现代化。因此，加强社会组织建设，要着力提高其组织能力和专业素质，这也是推进社会动员体系和能力现代化建设的重要方面。同时，政府还应建立健全社会组织管理制度，提供更多支持和便利，使社会组织能够更好地发挥作用，为社会和谐稳定发挥积极作用。

推进社会企业发展是指支持和促进以社会责任为导向、以解决社会问题为目标的企业的发展。这类企业的经营目的不仅仅是追求经济利益，更注重对社会和环境的贡献。社会企业的发展可以有效缓解社会问题，提高社会公益性资源的配置效率，同时也能够为社会创造就业机会和经济价值。政府、非营利组织和企业等多方面可以参与和支持社会企业的发展，以推进社会企业的发展和扩大其社会影响力。加强社会企业发展的途径，就是要培育壮大社会企业，要分行业将社会企业纳入政策扶持体系，鼓励地方探索社会企业政策创新，持续加强社会企业研究和宣传力度，并重点促进在普惠性非基本公共服务领域和城乡居民生活服务领域等重点民生领域的社会企业发展。

6. 加强社会运行体系建设

社会运行体系是社会建设的实现路径。良好的社会运行体系通过系统性的体制串联、综合性的力量整合、整体性的资源调度，保障社会健康、有序、和谐、高效运行，从中国的社会运行实际出发，社会运行体系是推动中国特色社会主义制度优势转化为社会建设效能的平台。

加强社会运行体系现代化建设

为了加强社会建设，必须重点建构社会运行体系，这是一项重要的内容、方法创新。建构社会运行体系，既是为了建立与社会主义经济、政治、文化体制相适应的社会体制，形成有利于推进社会主义事业顺利前进的社会环境，也是为了更好地改善民生，兜住民生底线、补齐民生短板，更是为了推进社会能力建设、机制建设和体系建设。可以说，社会运行体系能力建设是社会建设的基础工程之一。社会运行体系和能力现代化建设，关键是把"党委领导、政府负责、民主协商、社会协同、公众参与、法治保障、科技支撑"的社会治理体系落到实处，着力完善全域性、全面性、全程性、全员性社会运行机制，着力提高系统化、社会化、法治化、智能化、专业化、精细化社会运行能力。

社会运行体系建设的主要内容可以简要归纳为十个方面：

第一，形成全面领导的工作体制。是指在党的领导下，形成由政府、社会组织、企业、民众等多方参与的领导体制，建立统筹协调、高效务实的工作机制，保障各项社会建设任务的顺利实施。这一体制需要在政府主导下，发挥各方力量的作用，共同协作、协调推进社会建设的各项工作。

第二，建立全面覆盖的工作体系。社会建设涉及工作面广泛，牵扯部门较多，需要建立一个覆盖多领域、各层级的工作体系，以满足社会建设过程中不断增长的多样化需求，推动各方面工作协同发展。

第三，建立全面协调的工作机制。社会建设的重心在基层，关键环节在街道、乡镇，需要建立全面协调城乡基层力量参与共建，促进城乡基层协调有序发展、各项任务落实到位的协调工作机制，从而实现社会建设目标的全面达成。这一工作机制的典型代表就是中央推广的北京市"街乡吹哨、部门报到"改革。

第四，建设坚实的社区服务治理平台。社会建设工作的根基在社区。要按照居民需求、规范化要求，把社区建设成为社区党建、社区服务、社区治理"三位一体"的基层社会工作平台。这一平台以社区党组织为领导核心，整合政府、市场、社会等多方资源，为社区居民提供全方位的服务治理的组织形式。

第五，构建"枢纽型"社会组织工作体系。构建"枢纽型"社会组织工作体系是我国社会组织管理体制创新的一项重要举措，旨在将性质相同、业务相近的社会组织联合起来，形成工作合力，促进共同发展。"枢纽型"社会组织是由有关部门认定的，在对同类别、同性质、同领域社会组织的发展、服务、管理工作中，在政治上发挥桥梁纽带作用、在业务上处于龙头地位、在管理上承担业务主管职能的联合性社会组织。这样一个能够连接社会组织与政府、市场、公众等各方资源的"枢纽"机构，扮演着信息传递、资源整合和协调管理的角色，可以有效提高社会组织的资源利用效率。

第六，促进社会企业发展。社会企业是指以解决社会问题为目的，以市场化的方式运营的企业。社会企业不仅能够提供公益性的服务，还能够创造经济价值和社会价值，促进社会和谐与可持续发展。为了促使社会企业更好地参与社会运行体系建设，应当积极培育和促进社会企业发展，政府、市场、社会等各方要积极创新培育和促进社会企业发展的理念、机制和方法。

第七，加强社会工作队伍建设。在现代社会中，社会问题和社会需求日益增多，需要更加专业、有效的社会工作队伍来解决这些问题。社会工作队伍建设需要依托健全的社会运行体系，而社会运行体系建设也需要有专业化、高素质的社会工作队伍来提供支持和服务。社会工作是一种专业化的社会服务和社会管理活动，它以人为本，以促进个人、群体和社区的福祉为目标，通过专业的知识、技能和方法，帮助解决各种社会问题，维护社会秩序和谐稳定。加强社会工作队伍建设，是提升社会运行能力的重要举措。

第八，加强数字社会建设。数字社会是指以数字技术为基础，实现信息化、智能化、网络化的社会形态，它是现代化发展的必然要求和重要方向。加强数字社会建设，对于优化社会服务供给、创新社会治理方式、推进国家治理体系和治理能力现代化，都具有重大而深远的意义。加强数字社会建设，可以提高社会服务的效率和质量，满足人民日益增长的美好生活需要。

第九，完善政策法规体系。坚持法治国家、法治政府、法治社会一体建设，是全面依法治国的总目标。为了实现这一目标，必须形成完善的社会建设领域政策法律体系，保障人民群众的基本权利和利益，维护社会公平正义和稳定团结，促进社会主义核心价值观的践行和传承。

第十，健全社会建设综合评价体系。为了推进社会建设高质量发展，必须健全社会建设综合评价体系，使社会建设工作可量化、能考核、不断提高效能。

概括起来，加强社会运行体系建设，从根本上说是通过加强社会领域党的建设，形成共建共治共享机制，构建基层治理共同体，把上述关键要素有机组合起来、有效运行起来，使之产生良好的社会建设效能。

三、探索中国式社会建设现代化实现路径

探索中国式社会建设现代化实现路径

中国式社会建设现代化的实现路径，主要包括以下几个方面：一是坚持"一个中心"：以人民为中心的发展思想。这是习近平新时代中国特色社会主义思想的核心思想，也是中国式社会建设现代化的中心思想。二是坚持和完善"两项基本制度"：统筹城乡的民生保

障制度和共建共治共享的社会治理制度。这是中国特色社会主义的两项基本制度，也是中国式社会建设现代化的"两个基本点"。三是抓住三个着力点：党的领导、改革创新、重在基层。这是中国特色社会主义根本制度在社会建设领域的主要体现，也是推进中国式

社会服务、社会治理是社会建设的两个基本点

社会建设现代化的"三大法宝"。四是健全"四个闭环"运行机制：全域性城乡一体的运行机制，全面性整体覆盖的运行机制，全程性衔接贯通的运行机制，全员性共同参与的运行机制。这是中国特色社会主义制度的显著优势，也是推进中国式社会建设现代化的基本要求。五是坚持"五个导向"：坚持问题导向、需求导向、目标导向、创新导向、效能导向。这是加强社会建设的基本方法，也是推进中国式社会建设现代化的原则性要求。六是提高"六化能力水平"：系统化、社会化、法治化、智能化、专业化、精细化。这是中国式社会建设现代化的基本标准和主要标志。七是推进"七位一体"的运行体系建设：党委领导、政府负责、民主协商、社会协同、公众参与、法治保障、科技支撑。这是中国式社会建设现代化的体制性要求。八是坚持"三感"标准：把我国制度优势转化为社会建设效能，让人民群众生活更美好，不断增强获得感、幸福感、安全感。这是衡量中国式社会建设现代化效能的根本标准。

探索中国式社会建设现代化实现路径非常重要，下面各章将重点围绕这些问题展开论述。

第二章　江山就是人民，人民就是江山

——关于中国式社会建设现代化的本质属性

中国式现代化是什么样的现代化？我们知道，是人口规模巨大的现代化，是全体人民共同富裕的现代化，是物质文明和精神文明相协调的现代化，是人与自然和谐共生的现代化，是走和平发展道路的现代化。从而不难看出，中国式现代化是充分体现人民性的现代化、是更加重视社会建设的现代化。

一、坚持人民立场

1. 人民至上是马克思主义政党的根本立场

习近平总书记指出，江山就是人民，人民就是江山。中国共产党领导人民打江山、守江山，守的是人民的心。大力推进中国式现代化，必须坚持以人民为中心的发展思想，推进中国式社会建设现代化尤其要特别强调这一点。要牢固树立群众观点，贯彻群众路线，尊重人民首创精神，坚持一切为了人民、一切依靠人民，始终保持同人民群众的血肉联系，始终接受人民批评和监督，始终同人民同呼吸、共命运、心连心。

任何政党都有其特定的根本立场，都代表着一定阶级的意志和利益。无产阶级政党是无产阶级运动发展到一定阶段的产物，是无产阶级意志和利益的集中体现。马克思主义政党从诞生之日起，就代表着无产阶级和广大劳动人民的利益，肩负着为绝大多数人谋利益的政治追求和历史使命。1848 年马克思、恩格斯合著的《共产党宣言》是首部全面阐述科学社会主义原理的伟大著作，蕴含了"马克思主义政党保持先进性和纯洁性的理论源头"。《共产党宣言》旗帜鲜明地指出了无产阶级政党的根本立场，过去的一切运动都是少数人的，或者为少数人谋利益的运动。无产阶级的运动是绝大多数人的，为绝大多数人谋利益的独立的运动。马克思、恩格斯曾坦言，《共产党宣言》的某些地方"可以作一些修改"或者"有不同的写法"，但它"所阐述的一般原理整个说来直到现在还是完全正确的"，其中贯穿在《共产党宣言》始终的"让人民生活幸福"，就是其一般原理的重要方面。马克思主义人民观认为，人民群众是实践的主体和历史的创造者，是人类社会前进的推动力量。马克思、恩格斯认为历史活动是群众的事业，决定历史发展的是行动着的群众；列宁认为生机勃勃的创造性的社会主义是由人民群众自己创立的。这些马克思主义的奠基人都曾多次阐述人民群众在社会实践中的主体地位和决定作用。这些重要论述也蕴含着马克思主义政党要坚持人民至上的本质要求。

2. 人民至上是马克思主义政党区别于其他政党的显著标志

坚持人民至上是马克思主义的本质要求，人民群众是社会物质财富、社会精神财富的创造者，人民群众是变革社会制度、推动历史前进的决定力量。马克思主义唯物史观认为，全部历史的过程决定于人民群众本身的发展。人民群众是以不同形式从事和促进生产实践活动的，必然对社会发展起决定作用。人民群众不仅通过劳动创造物质财富，而且以其实践活动为创造精神财富提供了丰富源泉。一切科学理论，一切有价值的文学艺术，都来源于人民群众的生活和实践。人民群众是历史的主体，是社会变革的决定力量。生产力决定生产关系，生产关系反作用于生产力。无论是生产力与生产关系之间矛盾的解决，还是经济基础与上层建筑之间矛盾的解决，都离不开人民群众的参与和推动。

始终同人民在一起，为人民利益而奋斗，是马克思主义政党同其他政党的根本区别。为谁立命、为谁谋利是一个政党的立场性、根本性问题。对于无产阶级政党来说，除了无产阶级和劳动人民的利益之外，"没有任何同整个无产阶级的利益不同的利益"。无产阶级政党和一切剥削阶级政党的最本质区别，就在于无产阶级政党始终站在人民立场上，始终将最广大人民的根本利益作为自己的最高利益。一切剥削阶级政党，始终代表一部分人或少数利益集团的利益，剥削阶级政党为了实现、维护和巩固特定阶级的利益要求和政治意志，必然会建立少数人对多数人的统治，最终成为剥削阶级政府奴役广大劳动人民的工具，从而走向广大人民的对立面。而无产阶级政党努力奋斗要建立以人的自由全面发展为特征之一的共产主义社会，无产阶级政党的一切政治活动也都是在为绝大多数人谋利益，最终目的是带领无产阶级解放全人类，这是无产阶级政党区别于其他政党的最大特色，承载着人类社会发展的崇高理想。

3. 坚持人民至上是中国共产党一以贯之的根本政治立场

作为一个马克思主义政党，中国共产党是在马克思主义指导下诞生的。无产阶级政党的性质与宗旨决定了中国共产党要以人民立场作为根本政治立场。坚持人民至上是马克思主义的本质要求。这就决定了我们党必然也是坚持人民至上的政党。中国共产党作为马克思主义政党，党性和人民性从来都是一致的、统一的，除了国家、民族、人民的利益，没有自己的特殊利益，从来不代表任何利益集团、任何权势团体、任何特权阶层的利益。我们党从成立之日起，就把人民利益深深镌刻在自己的旗帜上，就确立了为中国人民谋幸福、为中华民族谋复兴的初心和使命。中国共产党章程明确规定，中国共产党是中国工人阶级的先锋队，同时是中国人民和中华民族的先锋队，明确了我们党始终要把人民利益摆在至高位置。毛泽东同志指出："共产党是为民族、为人民谋利益的政党，它本身决无私利可图。"中国共产党，始终遵循马克思主义唯物史观，始终坚持人民至上，始终致力于改善民生、增进人民福祉、为人民谋幸福，将实现最广大人民的根本利益作为党一切行动的出发点和落脚点；始终不忘人民才是国家的真正主人，坚持一切为了人民、一切依靠人民，通过赢得人民群众的拥护支持，发挥人民群众力量和才智，凝聚推动社会发展与变革的伟大力量。

不忘初心，方得始终。中国共产党在百年发展历程中，始终坚持马克思主义人民观，始终牢记为人民谋幸福、为民族谋复兴的初心和使命，始终坚持全心全意为人民服务的根本宗旨。新民主主义革命时期，党面临的最大任务是实现民族独立和人民解放。党清醒地认识到，要实现这个近代以来若干政治力量虽苦苦求索但终究未能完成的任务，必须重新认识政党与人民的关系，将人民放在政党活动的至高位置。党的早期创始人李大钊提出"今后的世界，变成劳工的世界"等命题，既阐发了人民在社会主义运动中的主体性地位，又揭示了人民是社会主义运动的目的。陈独秀则用"做工的人最有用最贵重"等朴素话语，阐发了人民至上的价值理念。毛泽东同志强调，革命是为了使中华民族得到解放，为了实现人民的统治，为了使人民得到经济的幸福。毛泽东同志多次对人民至上的价值理念进行深入论述，并将其作为指导新民主主义革命的重要经验。

社会主义革命和建设时期，党面临着进行社会主义革命、推进社会主义建设的历史任务。党坚持人民至上首先体现在根本制度安排上。新中国第一部宪法明确规定了我国的国体是工人阶级领导的、以工农联盟为基础的人民民主国家。在政体方面，规定中华人民共和国的一切权力属于人民，人民行使国家权力的机关是全国人民代表大会和地方各级人民代表大会，使人民至上有了最重要的政治制度保障。随着社会主义革命和建设的发展，以人民为中心的理论也进一步深化和延展。毛泽东同志指出的"人民群众有无限的创造力"，共产党"就是要全心全意为人民服务，不要半心半意或者三分之二的心三分之二的意为人民服务"等重要理论，使党坚持人民至上的理论体系更加完善系统。

改革开放和社会主义现代化建设新时期，党面临的主要任务是使人民摆脱贫困、尽快富裕起来。邓小平同志提出"社会主义的特点不是穷，而是富，但这种富是人民共同富裕"，把共同富裕写到党奋斗的旗帜上。之后的"三个代表"重要思想和科学发展观，强调中国共产党代表中国最广大人民的根本利益，坚持以人为本的理念得到了新的升华。特别是党的十八大以来，以习近平同志为核心的党中央，坚持以人民为中心的发展理念，带领全国各族人民实现了全面建成小康社会的目标，踏上了实现第二个百年奋斗目标的新征程。

4.人民立场是习近平新时代中国特色社会主义思想的理论品格

以人民为中心是贯穿习近平新时代中国特色社会主义思想的一根红线，人民立场是习近平新时代中国特色社会主义思想的根本立场。习近平总书记强调，中国共产党始终代表最广大人民根本利益，与人民休戚与共、生死相依，没有任何自己特殊的利益，从来不代表任何利益集团、任何权势团体、任何特权阶层的利益。坚持人民至上的根本立场，以人民为中心的价值取向，把增进人民福祉、促进人的全面发展、朝着共同富裕方向稳步前进作为经济社会发展的出发点和落脚点，是习近平新时代中国特色社会主义思想的精髓要义。习近平总书记指出，人民是历史的创造者，人民是真正的英雄。波澜壮阔的中华民族发展史是中国人民书写的！博大精深的中华文明是中国人民创造的！历久弥新的中华民族精神是中国人民培育的！中华民族迎来了从站起来、富起来到强起来的伟大飞跃是中国人民奋斗出来的！习近平新时代中国特色社会主义思想就是站在人民立场、把握人民愿望、尊重人民创造、集中人民智慧形成的创新理论，是指导人民认识世界和改造世界的强大思想武器。

以习近平同志为核心的党中央在推进中国特色社会主义事业中充分尊重人民主体地位、充分发挥人民群众的主体作用。党的十九大报告指出，必须坚持人民主体地位，坚持立党为公、执政为民，践行全心全意为人民服务的根本宗旨；在第十三届全国人民代表大会第一次会议上的讲话中，习近平总书记指出，人民是历史的创造者，人民是真正的英雄；在庆祝改革开放 40 周年大会上的讲话中，习近平总书记强调，尊重人民主体地位，尊重人民群众在实践活动中所表达的意愿、所创造的经验、所拥有的权利、所发挥的作用，充分激发蕴藏在人民群众中的创造伟力。这是一条基本的经验，必须长期坚持。坚持人民群众的主体地位，发挥人民群众的主体作用，依靠人民群众的力量，推进新时代中国特色社会主义，这是中国共产党的政治情怀和政治自觉，也是中国共产党与人民群众心连心、团结带领人民群众向前进的根本保证。

党的十八大以来，中国特色社会主义进入新时代，党面临的主要任务是实现第一个百年奋斗目标，开启第二个百年奋斗目标的新征程，向着实现中华民族伟大复兴的宏伟目标持续迈进。以习近平同志为核心的党中央站在新时代高度，更加全面、更加深刻、更加系统地阐述了人民至上的重要内涵，深刻揭示了人民至上两方面内涵的辩证关系：中国共产党之所以能够发展壮大，中国特色社会主义之所以能够不断前进，正是因为依靠了人民；中国共产党之所以能够得到人民拥护，中国特色社会主义之所以能够得到人民支持，也正是因为造福了人民。

5. 人民至上是实现中国式现代化的重要价值取向

中国式现代化，是中国共产党领导的社会主义现代化，是以人民为主体和中心的现代化。习近平总书记在学习贯彻党的二十大精神研讨班开班式上指出，中国式现代化蕴含的独特世界观、价值观、历史观、文明观、民主观、生态观等及其伟大实践，是对世界现代化理论和实践的重大创新。中国式现代化蕴含的价值观，突出体现为坚持人民至上的根本立场和科学方法，充分体现了党在领导全面建设社会主义现代化国家、全面推进中华民族伟大复兴新征程上的价值指向。

现代化的本质是人的现代化。习近平总书记指出，现代化的最终目标是实现人自由而全面的发展。始终坚持以人民为中心的发展思想，以促进社会公平正义、增进人民福祉、实现人自由而全面的发展作为经济社会发展的出发点和落脚点，让现代化建设成果更多更公平惠及全体人民。在中国式现代化新征程上，必须不断厚植现代化的物质基础，不断夯实人民幸福生活的物质条件，同时大力发展社会主义先进文化，加强理想信念教育，传承中华文明，促进物质的全面丰富和人的全面发展。

中国式现代化的根本动力是充分激发全体人民的积极性主动性创造性，社会主义现代化事业需要依靠人民，中华民族伟大复兴更离不开人民。习近平总书记深刻指出，人民是历史的创造者，是推进现代化最坚实的根基、最深厚的力量，全面建成社会主义现代化强国，人民是决定性力量。我们只有依靠人民，充分激发全体人民的积极性主动性创造性，才能有力推进现代化建设各项事业。

不断满足人民对美好生活的向往，是中国式现代化的根本宗旨。习近平总书记在第十四届全国人民代表大会第一次会议上深刻指出，在中国式现代化新征程上，要贯彻以人民为中心的发展思想，完善分配制度，健全社会保障体系，强化基本公共服务，兜牢民生底线，解决好人民群众急难愁盼问题，让现代化建设成果更多更公平惠及全体人民，在推进全体人民共同富裕上不断取得更为明显的实质性进展。

习近平总书记在中国共产党与世界政党高层对话会上的主旨讲话中再一次明确强调，现代化不仅要看纸面上的指标数据，更要看人民的幸福安康。政党要锚定人民对美好生活的向往，顺应人民对文明进步的渴望，努力实现物质富裕、政治清明、精神富足、社会安定、生态宜人，让现代化更好回应人民各方面诉求和多层次需要，既增进当代人福祉，又保障子孙后代权益，促进人类社会可持续发展。坚持人民至上，要求我们必须把不断满足人民对美好生活的向往贯穿于中国式现代化一切方面和全部过程。中国式现代化是坚持以人民为主体、坚持以人民为中心的现代化，现代化的每一步战略、每一项措施，都必须建立在不断满足人民对美好生活的向往这一基本点之上。

二、牢记初心使命

1. 造福人民是马克思主义的神圣职责

习近平总书记指出，一切脱离人民的理论都是苍白无力的，一切不为人民造福的理论都是没有生命力的。马克思主义始终把人民放在最高位置。一部马克思主义中国化的历史，就是一部中国共产党人"造福人民"的历史。

第一，一切为了人的发展。《共产党宣言》指出，未来的共产主义社会"将是这样一个联合体，在那里，每个人的自由发展是一切人的自由发展的条件"。中国共产党建党百余年来，无论是新民主主义革命时期、社会主义革命和建设时期，还是改革开放和社会主义现代化建设新时期，根据不同时代具体情况，始终坚持努力推进人民群众的全面发展。

第二，一切为了人类解放。习近平总书记指出，马克思主义博大精深，归根到底就是一句话，为人类求解放。中国共产党自建党起，始终牵挂着人类的共同命运，致力于推动全人类的解放。党的十八大以来，习近平总书记创造性提出构建人类命运共同体理念、"一带一路"国际合作倡议、构建新型国际关系、倡导共商共建共享的全球治理观等重要精神和战略布局，为解决人类共同面临的重大问题提供中国方案。

第三，一切为了人民福祉。我们党从诞生之初，在党的一大纲领中就郑重申明，党的根本政治目的是带领人民实行社会革命。在党的七大上，全心全意为人民服务正式写入党章。随着革命、建设和改革的不断推进，人民至上的理念一直贯穿于中国共产党的事业始终，是我们党始终坚持的传承和恪守。党的十八大以来，习近平总书记多次强调人民立场的重要性，"民心是最大的政治""我将无我，不负人民"等重要思想，也再次体现了我们党坚持以人民为中心的政治立场。

2. 党的百年奋斗史就是为人民谋幸福的历史

2021年6月8日下午，正在青海考察的习近平总书记来到海北藏族自治州刚察县沙柳河镇果洛藏贡麻村，走进牧民索南才让家中，屋里屋外仔细察看，并同一家人围坐在客厅聊家常。索南才让激动地说，牧民生活好，全靠党的政策好，衷心感谢共产党，衷心感谢总书记。习近平总书记感慨，中国共产党成立一百年了，我们这个党能够发展壮大起来不容易，夺取政权不容易，建设新中国不容易。为什么老百姓衷心拥护中国共产党？因为我们党始终全心全意为人民服务、为各民族谋幸福。

中国共产党一经诞生，就把为中国人民谋幸福、为中华民族谋复兴确立为自己的初心和使命，就把"人民"二字铭刻在心，把坚持人民利益高于一切鲜明地写在自己的旗帜上，始终不渝为中国人民谋幸福、为中华民族谋复兴。党的二大鲜明提出，中国共产党应当是"无产阶级中最有革命精神的广大群众组织起来为无产阶级之利益而奋斗的政党"。1944年9月8日，在张思德追悼会上，毛泽东同志明确声明，我们这个队伍完全是为着解放人民的，是彻底地为人民的利益工作的。习近平总书记指出，以百姓心为心，与人民同呼吸、共命运、心连心，是党的初心，也是党的恒心。习近平总书记多次讲过"半条被子"的故事，他借用徐解秀老人的话说，什么是共产党？共产党就是自己有一条被子，也要剪下半条给老百姓的人。

党的百年奋斗为了人民。从石库门到天安门，从兴业路到复兴路，从开启新时期到跨入新世纪，从站上新起点到进入新时代，我们党所做的一切、所付出的一切牺牲，都是为了人民。党的百年奋斗史是一部为人民谋幸福的历史，一部践行党的初心使命的历史。我们党的一百年是创造辉煌的一百年，也是开辟未来的一百年，但归根结底是为人民奋斗的一百年。新中国的成立使中国人民"站起来"，改革开放使中国人民"富起来"，新时代使中国人民"强起来"。党的十八大以来，以习近平同志为核心的党中央把人民对美好生活的向往作为奋斗目标，组织实施人类历史上规模最大、力度最强的脱贫攻坚战，人民群众的获得感、幸福感和安全感不断增强。牢记中国共产党是什么、要干什么这个根本问题，始终把人民放在心中最高位置，为人民幸福不懈奋斗，让改革发展成果更多更公平惠及全体人民，才能在新的"赶考"路上交出无愧于历史和人民的新答卷。

3. 人民是我们党工作的最高裁决者和最终审判者

中国共产党为什么能？马克思主义为什么行？中国特色社会主义为什么好？回答这些问题，中国人民最有发言权。把以人民为中心的发展思想落实到决策部署和各项工作中，必须由人民来评判工作成效。毛泽东同志要求全党同志必须全心全意为人民服务。邓小平同志提出，我们做工作必须考虑群众拥护不拥护、赞成不赞成、高兴不高兴、答应不答应。江泽民同志指出，全党要始终代表中国最广大人民的根本利益。胡锦涛同志提出，必须把实现好、维护好、发展好最广大人民的根本利益作为一切工作的出发点和落脚点。习近平总书记指出，时代是出卷人，我们是答卷人，人民是阅卷人。

人民是最终评判者。毛泽东同志很早就指出，共产党人的一切言论行动，必须以合乎最广大人民群众的最大利益，为最广大人民群众所拥护为最高标准。邓小平同志把自己当作"中国人民的儿子"，反复强调"人民承认""人民拥护""人民赞成""人民答应""人民高兴"等根本的问题。习近平总书记在纪念毛泽东同志诞辰120周年座谈会上的重要讲话中强调，我们党的执政水平和执政成效都不是由自己说了算，必须而且只能由人民来评判。人民是我们党的工作的最高裁决者和最终评判者。中国共产党是坚定相信群众、依靠群众、密切联系群众的党，历来重视和强调人民群众的作用，重视和强调以人民满意和拥护为行为准则和评价标准。人民是否真正得到实惠，人民生活是否真正得到改善，人民权益是否真正得到保障，这些都要由人民来评判。

三、增强最大底气

1. 党的根基在人民

这是由中国共产党的性质和宗旨所决定的。马克思恩格斯指出，无产阶级的运动是绝大多数人的，为绝大多数人谋利益的独立的运动。《共产党宣言》中这段论述，精辟概括了马克思主义政党与人民群众的天然联系。中国共产党产生于马克思主义同中国无产阶级革命运动相结合的过程中，是根植于人民群众的政党。中国共产党作为马克思主义政党，是由无产阶级的先进分子组成的，它来自于人民，成长于人民，是人民中的一分子。

人民的拥护是中国共产党强大的根基。一个政党，一个政权，前途命运取决于人心向背。"人心就是力量"，人民是我们党执政的最深厚基础和最大底气。毛泽东曾形象地把党和人民群众的关系比喻为种子和土地，我们共产党人好比种子，人民好比土地。我们到了一个地方，就要同那里的人民结合起来，在人民中间生根、开花。从党诞生之日起，维护党同人民群众的血肉联系，把人民群众当作党的力量之源，这一庄严宣誓就已镌刻在鲜艳的党旗上。习近平总书记在庆祝中国共产党成立 95 周年大会上的讲话中强调，坚持不忘初心、继续前进，就要坚信党的根基在人民、党的力量在人民，坚持一切为了人民、一切依靠人民，充分发挥广大人民群众积极性、主动性、创造性，不断把为人民造福事业推向前进。回顾历史，每当党的事业面临重大挑战，国家的命运前途面临重大危机，中国共产党就是靠着充分相信群众、紧紧依靠群众、紧密团结群众，把群众的伟大实践作为工作的动力源泉，才能带领我们党和国家披荆斩棘、乘风破浪。正是因为我们党始终与人民同甘共苦、团结奋斗，获得了人民群众的支持和拥护，才能团结带领全体人民投身祖国建设、创造自己的幸福生活。

2. 党的血脉在人民

我们党来自人民、植根人民、服务人民，党与人民生死相依、休戚与共，是密不可分的血肉联系。老百姓是天，老百姓是地，忘记了人民，脱离了人民，我们就会成为无源之水、无本之木，就会一事无成。党的理论就是一切为了人民的理论，党的路线就是一切为了人民的路线，党的事业就是一切为了人民的事业。党的百年历史，就是一部践行党的初心使命的历史，是一部党与人民心连心、同呼吸、共命运的历史。淮海战役的胜利，是人民群众用小推车推出来的；渡江战役的伟大胜利，是人民用小木船划出来的；是人民的"小铁锹"挖出了大油田；是人民的"大包干"拉开了农村改革的历史大幕；是人民的众志成城筑起了抗击新冠疫情的坚固防线。我们党在新民主主义革命时期、社会主义革命和建设时期、改革开放和社会主义现代化建设新时期、中国特色社会主义新时代所创造的一切伟大成就，都是我们党带领人民群众共同奋斗的结果，都是坚持党的群众路线、密切联系群众的结果。

3. 党的力量在人民

历史究竟是谁创造的？唯物史观指出，社会发展的历史不是帝王将相的历史，而首先是生产发展的历史，是从事生产劳动的劳动群众的历史。千千万万的人民群众是社会财富和精神财富的创造者，是改造社会、变革社会制度的主力军，只有人民群众才是推动历史发展的真正动力。人民是历史的创造者，人民是真正的英雄。

理论的创新发展离不开人民。毛泽东曾指出，要把群众的意见集中起来，再回到群众中去检验，然后再从群众中集中起来，再到群众中坚持下去。邓小平也曾说过，农村改革中的好多东西，都是基层创造出来，我们把它拿来加工提高作为全国的指导。进入新时期，习近平总书记也曾明确指出，改革开放在认识和实践上的每一次突破与发展，改革开放中每一个新生事物的产生和发展，改革开放每一个方面经验的创造和积累，无不来自亿万人民的实践和智慧。人民群众的实践创造始终是马克思主义创新发展的源头活水，实现马克思主义中国化的关键就是要始终把理论创新的根脉深深扎根于广大人民群众的创造性实践当中。

党的发展壮大离不开人民。毛泽东指出，真正的铜墙铁壁是什么？是群众，是千百万真心实意地拥护革命的群众。邓小平指出，我们过去几十年艰苦奋斗，就是靠坚定的信念把人民团结起来，为人民自己的利益而奋斗。习近平总书记一再强调，党与人民风雨同舟、生死与共，始终保持血肉联系，是党战胜一切困难和风险的根本保证。坚持依靠人民是中国共产党取得辉煌成就的密钥。

任何一项伟大的事业要成功，都必须从人民中找到根基，从人民中集聚力量，由人民共同来完成。习近平总书记在纪念红军长征胜利80周年大会上的讲话中强调指出，人民群众有着无尽的智慧和力量，只有始终相信人民，紧紧依靠人民，充分调动广大人民的积极性、主动性、创造性，才能凝聚起众志成城的磅礴之力。百余年来，我们党就是凭借紧紧依靠人民，广泛动员人民，激发人民群众蕴藏的强大伟力，书写了一个又一个举世瞩目的"中国故事"。

四、答好"人民至上"考题

1. 坚持站稳人民立场

对一个政党来说，立场是根本问题，首要问题决定其性质、宗旨、理想信念、奋斗目标。一个政党如何回答我是谁、为了谁、依靠谁的问题，关乎这个政党的性质，决定这个政党的前途命运和兴衰成败。习近平总书记强调指出，中国共产党根基在人民，血脉在人民，党团结带领人民进行革命、建设、改革，根本的目的就是为了让人民过上好日子。无论面临多大挑战和压力，无论付出多大牺牲和代价，这一点都始终不渝，毫不动摇。人民立场决定工作的立足点、着力点；立场在人民群众一边，工作根基自然也在人民群众身上。立场决定思想，决定人们想问题、干事业的出发点和落脚点。因此，人民立场是共产党人干事创业的前提条件，人民群众是共产党人的工作根基。站在人民群众的立场上，就会为人民群众说话，维护人民群众的利益，就表现为"立党为公、执政为民"的公心；站在自我的立场上，就会因"小我"忽视"大我"，甚至为一己之私不惜损毁众人之利。立场决定方向，决定行动的优先顺序，尤其在危急时刻和重大关头，最能体现党的价值追求。为人民而生，因人民而兴，始终同人民在一起，为人民利益而奋斗，是我们党立党兴党强党的根本出发点和落脚点。人民风雨同舟、血脉相通、生死与共，是我们党战胜一切困难和风险的根本保证。每当历史发展的重大关头，我们党都注重把人民动员组织起来，团结凝聚起来，依靠人民群众解难题、办大事。

立场问题是一个原则问题，是一个重大政治问题。立场不稳，心乱如云；立场不牢，地动山摇。在任何时候都维护人民群众、代表人民群众，对人民群众负责、为人民群众服务，是中国共产党的政治灵魂和政治资本。在人民群众立场问题上，要旗帜鲜明，毫不含糊。在新民主主义革命时期，毛泽东指出，看一个人是不是共产党人，就看他是不是站在人民的立场上说话做事。邓小平指出，只有心中装着人民群众，党员干部才会关心群众疾苦，倾听群众呼声。只有具有群众立场，才会对群众有感情、对工作有热情、对事业有激情，才会对群众有敬畏，对自己有要求，对组织有忠诚，对事业有担当。习近平总书记将群众立场作为中国共产党执政为民、创业兴业的重大政治原则予以重申。

坚定地站在人民立场上，全心全意为国家富强、民族复兴、人民幸福而奋斗，既是党的固有本色，又是党不断发展壮大的内在逻辑。

习近平总书记指出，历史在人民探索和奋斗中造就了中国共产党，我们党团结带领人民又造就了历史悠久的中华文明新的历史辉煌。人民是中国共产党诞生和发展壮大的根本基础，有了人民的支持，党才有了战胜一切敌人的法宝；人民是党战胜一切艰难险阻的根本保证，有了人民的信任，党才有了克服一切困难的勇气；人民是党能够长期执政的根本依托，有了人民的智慧，党才有了执政兴国的力量。坚持人民至上，成就了中国共产党的百年辉煌，也是党立于不败之地的根本所在。始终坚持人民立场，才能赢得广大人民的支持和拥护，中国共产党就有了永续不衰的力量源泉。

2. 坚持树牢群众观点

坚持人民至上，核心是处理好党和人民的关系。中国共产党的党性和人民性从来都是一致的、统一的，绝不容许把党和人民分割开来、对立起来。习近平总书记指出，从本质上说，坚持党性就是坚持人民性，坚持人民性就是坚持党性，党性寓于人民性之中，没有脱离人民性的党性，也没有脱离党性的人民性。对于中国共产党来说，党的立场就是人民立场，党的利益就是人民的利益，正如习近平总书记指出：党除了人民利益之外没有自己的特殊利益，党的一切工作都是为了实现好、维护好、发展好最广大人民的根本利益。

中国共产党同人民生死相依、休戚与共。人民群众离不开中国共产党的领导。要追求整体的根本利益，人民必须依靠一个以人民根本利益为奋斗目标、拥有强大组织力和领导力的政党凝聚集体意志，达成一致行动，实现共同利益。历史和实践充分证明，中国共产党就是这样一个始终代表人民利益、凝聚人民智慧和力量、带领人民实现美好未来的强大政党。中国共产党也离不开人民群众的拥护。习近平总书记指出，忘记了人民，脱离了人民，我们就会成为无源之水、无本之木，就会一事无成。中国共产党之所以能够一往无前、所向披靡，创造出中国特色社会主义事业的伟大成就，靠的就是人民对党的信任和拥护，靠的就是不断汲取人民群众的智慧和力量，是人民成就了中国共产党。

3. 坚持贯彻群众路线

习近平总书记指出，群众路线是我们党的生命线和根本工作路线，是我们党永葆青春活力和战斗力的重要传家宝。不论过去、现在和将来，我们都要坚持一切为了群众，一切依靠群众，从群众中来，到群众中去，把党的正确主张变为群众的自觉行动，把群众路线贯彻到治国理政全部活动之中。

群众路线是我们党始终坚持的根本工作方法。坚持群众路线，核心的问题是党要始终保持同人民群众的血肉联系，一刻也不脱离群众。密切联系群众是党的性质和宗旨的体现。我们党是在同人民群众的密切联系中成长、发展、壮大起来的，是靠宣传群众、组织群众、依靠群众起家、从胜利走向胜利的。党的最大政治优势是密切联系群众，党执政后的最大危险是脱离群众。能否保持党同人民群众的血肉联系，决定着党的事业的成败。要从政治的高度深刻认识密切联系群众的重要性，任何时候、任何情况下，与人民群众同呼吸、共命运的立场不能变，全心全意为人民服务的宗旨不能忘，坚持坚信群众是真正英雄的历史唯物主义观点不能丢。走群众路线，赢得人民群众的由衷支持，构建起任何反动力量也攻不破的真正铜墙铁壁。

党的领导工作的正确方法，就是将群众意见集中起来，形成正确决策，又到群众中宣传解释，将决策化为群众行动，并在群众实践中检验这些角色是否正确。在长期的革命、建设和改革实践中，中国共产党运用马克思主义理论特别是唯物史观原理，组织群众、发动群众、依靠群众，既形成了"从群众中来，到群众中去"，密切联系群众的优良传统和工作作风；又形成了在群众中调查研究、总结群众经验，出台政策经过群众检验，把群众的意见、诉求和愿望作为制定政策依据的工作方法。我们必须深入践行党的群众路线，虚心向人民学习，倾听人民呼声，汲取人民智慧，充分保障人民的知情权、参与权、表达权、监督权，把民心民意体现到政策制定和实施的全过程，坚持问政于民、问需于民、问计于民，把人民群众的意见和诉求集中起来，形成正确的政策，放下架子、扑下身子，到人民群众中宣传解释政策，将政策的实施化为党和人民群众的共同行动。

习近平总书记指出，永远保持同人民群众的血肉联系，始终同人民想在一起、干在一起，风雨同舟、同甘共苦，继续为实现人民对美好生活的向往不懈努力，努力为党和人民争取更大光荣。党的最大政治优势是密切联系群众，党执政后的最大危险是脱离群众。在新征程上，要确保党的事业行稳致远，人民利益不断发展壮大，必须始终保持党同人民的血肉联系，要始终与人民心心相印，与人民同甘共苦，与人民团结奋斗，靠行动、靠成果、靠胜利来影响人民群众，引导人民群众，广泛凝聚民心、汇集民智。保持密切联系群众的优良作风，贯彻党的群众路线，从作风上保持与发展党的先进性和纯洁性。

业绩好不好，要看群众实际感受，由群众来评判。要善于通过提出并贯彻正确的理论和路线方针政策带领人民前进，善于从人民的实践创造和发展要求中完善政策主张，善于从群众中寻找解决问题的方案和方法，使作出的决策和决策的执行充分体现民心民意。深入研究新形势下群众工作的特点和规律，及时研判社会舆情动态，准确把握群众心理情绪，尽量满足群众合理诉求，把暖民心、顺民意的工作做到群众心坎儿上。贯彻党的群众路线，知识基础是前提，形式重点是关键。必须以知促行，以行促知，做到知行合一，既解决认识提高问题，又解决行动自觉问题，使群众路线落得稳、扎根深，融入经济社会发展全过程，贯穿到党的全部工作中。自觉接受人民群众的监督，确保政策实施到位，不走偏、不走压，切实做到民之所好好之、民之所恶恶之，使一切决策和工作着眼于更好满足群众需求，经得起人民检验，让人民群众的获得感、幸福感、安全感更加充实、更有保障、更可持续。

第三章　永远把人民对美好生活的
　　　向往作为奋斗目标

——关于坚持和完善统筹城乡的民生保障制度

歌手祖海曾经唱过一首流传很广的歌——《为了谁》。歌中唱道："泥巴裹满裤腿，汗水湿透衣背。我不知道你是谁，我却知道你为了谁。"你是谁？为了谁？我们中国共产党人要经常扪心自问。习近平总书记告诫我们，人民对美好生活的向往就是我们的奋斗目标。我们党团结带领人民进行的一切奋斗、一切牺牲、一切创造，都是在践行为中国人民谋幸福、为中华民族谋复兴的初心使命。要坚持在保障和改善民生中推进中国式社会建设现代化。

一、充分认识重大意义

1.坚持和完善统筹城乡的民生保障制度，是践行党的宗旨的根本体现

中国共产党始终把为人民谋幸福作为根本使命，始终把人民放在心中最高位置。带领人民创造美好生活，是我们党始终不渝的奋斗目标。增进人民福祉、促进人的全面发展是我们党立党为公、执政为民的本质要求。党的二十大报告指出，必须坚持在发展中保障和改善民生，鼓励共同奋斗创造美好生活，不断实现人民对美好生活的向往。江山就是人民，人民就是江山。中国共产党打江山、守江山，守的是人民的心，我们党一百年来所付出的一切努力、进行的一切斗争、作出的一切牺牲，都是为了让人民过上幸福生活。民生保障制度涉及群众面最广、涉及群众利益最深、涉及群众的问题最具体。建党百年来，中国共产党始终坚持把人民的利益放在首位，把加强民生建设、保障和改善民生作为重要的政治责任，根据时代新要求、经济社会发展新形势、在改革创新中不断完善民生保障制度体系，人民群众获得感、幸福感、安全感不断增强，这是我们党始终保持强大号召力、向

心力、凝聚力的根本所在。坚持和完善统筹城乡的民生保障制度，坚持以人民为中心，努力让人民过上更好生活，进一步彰显党的根本宗旨和根本立场，也将使我们党长期执政的群众根基更加牢靠。人民群众的美好生活需要涉及哪个领域、发展到哪个程度，相关的制度建设就应该跟进到哪个领域、提升到哪个程度，国家治理的加强和完善也需要与之相适应、相协调，唯有如此，党才能永远立于不败之地。

2. 坚持和完善统筹城乡的民生保障制度，是解决新时代我国社会主要矛盾的必然选择

习近平总书记在党的二十大报告中强调指出，要健全覆盖全民、统筹城乡、公平统一、安全规范、可持续的多层次社会保障体系。新时代，我国社会的主要矛盾已经转化为"人民日益增长的美好生活需要和不平衡不充分的发展之间的矛盾"。人民对美好生活需要的内涵不断丰富、层次不断提升，过去是解决"有没有"的问题，现在更多的是解决"好不好"的问题。因此，在新发展阶段，需要集中力量解决经济与社会之间、地区之间、城乡之间以及社会不同群体之间协调发展问题，致力于实现共同富裕。坚持和完善统筹城乡的民生保障制度，推进各项制度更加完善有序，有利于解决好人民群众最关心最直接最现实的利益问题，补齐民生领域短板，夯实民生保障基础，不断满足人民群众多层次多样化的需求。

习近平总书记指出，如果只实现了增长目标，而解决好人民群众普遍关心的突出问题没有进展，即使到时候我们宣布全面建成了小康

社会，人民群众也不会认同。因此，仅仅实现经济增长是不够的，关键是要解决好人民群众普遍关心的问题，处理好不平衡不充分发展之间的矛盾，坚持和完善统筹城乡的民生保障制度，不断增进民生福祉，扎实推进共同富裕。推进共同富裕，重点在于要处理好市场效率和社会公平的问题，协调好经济建设和社会建设的关系。只有更加注重以改善民生为重点的社会建设，加大社会公共事业建设和社会领域发展，才能保障效率和公平有机结合，才能推动我国社会不断走向和谐与进步，推进全体人民共同富裕。要全面深化改革，使改革发展成果更多、更公平惠及全体人民；要牢牢抓住人民群众最关心、最直接、最现实的利益问题，做好人民群众的生活保障；要实现高质量发展，激发全体人民的内在活力和积极性，不断满足人民群众多层次多样化的需求，使人民群众的获得感、幸福感、安全感更加充实、更有保障、更可持续。

3. 坚持和完善统筹城乡的民生保障制度，是实现"两个一百年"奋斗目标的重大任务

党的十九大报告清晰擘画了全面建成社会主义现代化强国的时间表、路线图。在 2020 年全面建成小康社会、实现第一个百年奋斗目标的基础上，再奋斗 15 年，在 2035 年基本实现社会主义现代化。从 2035 年到本世纪中叶，在基本实现现代化的基础上，再奋斗 15 年，把我国建成富强民主文明和谐美丽的社会主义现代化强国。党的十九大对实现"两个一百年"奋斗目标作出战略部署，提出到建党一百年时建成社会更加和谐、人民生活更加殷实的小康社会，到新中国成立

一百年时基本实现全体人民共同富裕的目标。共同富裕是社会主义的本质要求，是中国式现代化的重要特征。党的二十大报告再次强调，中国式现代化是全体人民共同富裕的现代化。我们坚持把实现人民对美好生活的向往作为现代化建设的出发点和落脚点，着力维护和促进社会公平正义，着力促进全体人民共同富裕，坚决防止两极分化。因此，实现共同富裕在本质上必须坚持在发展中保障和改善民生，幼有所育、学有所教、劳有所得、病有所医、老有所养、住有所居、弱有所扶等方面都是重要的民生福祉，是推进民生保障建设的重大任务。坚持和完善统筹城乡的民生保障制度，使人民生活更加充实、更有保障、更可持续，是推动实现"两个一百年"奋斗目标的应有之义。

二、准确把握基本要求

1. 顺应人民对美好生活的期待

不断满足人民对美好生活的期待，是坚持和完善统筹城乡的民生保障制度的出发点和落脚点。人民对美好生活的向往主要表现在：广大人民群众对更好的教育、更稳定的工作、更满意的收入、更可靠的社会保障、更高水平的医疗卫生服务、更舒适的居住条件、更优美的环境、更丰富的精神文化生活等方面更美好的期待。顺民心、听民意，坚持问题导向、需求导向，解民之忧、谋民之利、顺应人民对美好生活的向往。坚持和完善民生保障制度，必须把实现好、维护好、发展好最广大人民的根本利益作为最高标准，多谋民生之利、多解民生之忧，回应群众现实需求，顺应群众内心期盼。

要创新公共服务提供方式，鼓励支持多元社会力量参与社会治理，满足人民群众多层次多样化需求。要健全政府购买服务的制度，对于事务性管理的服务，按照公开、公平、公正原则，严格程序，通过公开招标、定向委托、邀标等形式，交由具备条件、信誉良好的社会组织、机构和企业等来承担，推动公共服务提供主体多元化、提供方式市场化。要创新政府基本公共服务投资体制，加强公共服务融资平台建设，广泛吸引社会资本与政府合作。完善相关政策，进一步放开公共服务的市场准入，积极鼓励和支持社会力量兴办公益事业。坚持以政府为主导，充分调动各方面积极性，努力形成主体多元化、提供方式多样化的公共服务新格局，满足人民多层次多样化需求。

2. 促进社会公平正义

社会公平正义，是新时代中国特色社会主义制度的内在要求，也是民生保障事业的基本价值诉求，更关系到能否实现共同富裕。而制度是实现社会公平正义的重要手段。习近平总书记强调，我们要通过创新制度安排，努力克服人为因素造成的有违公平正义的现象，保证人民平等参与、平等发展权利。坚持和完善民生保障制度，必须始终牢牢把握公平正义这一尺度，更好保障人民群众基本民生权益，健全国家基本公共服务制度体系，努力实现权利公平、机会公平、规则公平，让改革发展成果更多更公平惠及全体人民，走共同富裕道路，使社会充满生机活力而又长期保持稳定。习近平总书记指出，要注重制度建设、着力解决地区差异大、制度碎片化的问题。因此，未来民生保障制度的发展建设方向是如何缩短差距、补齐短板，特别是统筹好城乡之间的不同制度差异，全面落实和完善统筹城乡的一体化民生保障制度安排，加速推进不同地区、不同民生领域、不同社会阶层、不同民族间的制度衔接和均衡发展，促进统筹一体的城乡民生保障制度的建立和完善，努力实现权利公平、机会公平、规划公平，让人民群众能够共同享有社会发展成果，实现共同富裕。

3. 坚持尽力而为、量力而行

尽力而为、量力而行是坚持和完善统筹城乡的民生保障制度的重大原则。尽力而为，强调发挥主观能动性，指的是积极进取。保障和改善民生要成为一种责任担当，要不畏艰难，勇于作为，而且"为"要有效果。要兜牢民生底线，坚持实现民生保障的普惠性、全覆盖、保基本。激发民智、汇聚民力，充分调动社会组织、社会企业、社会工作者、社区居民的力量。尊重群众的首创精神，鼓励社会力量创新公共服务、兴办公益事业。充分利用互联网、大数据等现代信息技术手段，共建共治共享，不断创新和完善各项民生保障制度的运行机制，促进民生保障制度的有效、高效运行，推进民生保障各项事业的一体化运行和可持续发展。量力而行，强调实事求是，指的是要尊重客观规律，按照我国国情一切从实际出发去解决问题。我国仍处于并将长期处于社会主义初级阶段的基本国情没有变，我国是世界最大发展中国家的国际地位没有变，民生保障水平要与经济发展水平相适应。现阶段社会主要矛盾中发展的不平衡不充分问题仍存在，既需要让广大人民群众普遍享受到国家建设发展的成果，又需要让大家更加公平、有序、智能、高效地共享成果。我们既不能超越现实经济水平给老百姓开空头支票，也不能裹足不前、畏首畏尾。要从实际出发量体裁衣，不博一时之喝彩，一件事情接着一件事情办、一年接着一年干，锲而不舍推进民生保障的可持续发展。

习近平总书记曾多次对于尽力而为、量力而行保障民生作出重要指示。2013 年 4 月 10 日，习近平总书记在海南考察工作时强调，要抓实在，既尽力而为、又量力而行，做那些现实条件下可以做到的事情，让群众得到看得见、摸得着的实惠。2013 年 11 月 12 日，习近平总书记在党的十八届三中全会第二次全体会议上强调，我们要在不断发展的基础上尽量把促进社会公平正义的事情做好，既尽力而为、又量力而行，努力使全体人民在学有所教、劳有所得、病有所医、老有所养、住有所居上持续取得新进展。2015 年 5 月 25 日至 27 日，习近平总书记在浙江考察调研时强调，社会建设要以共建共享为基本原则，在体制机制、制度政策上系统谋划，从保障和改善民生做起，坚持群众想什么、我们就干什么，既尽力而为又量力而行，多一些雪中送炭，使各项工作都做到愿望和效果相统一。2018 年 4 月13 日，习近平总书记在庆祝海南建省办经济特区三十周年大会上强调，要始终把人民利益摆在至高无上的地位，加快推进民生领域体制机制改革，尽力而为、量力而行，着力提高保障和改善民生水平，不断完善公共服务体系，不断促进社会公平正义。2018 年 4 月 23 日，习近平总书记在主持十九届中央政治局第五次集体学习时强调，保障和改善民生，要着眼于让发展成果更多更公平惠及全体人民，既尽力而为又量力而行，促进社会公平正义。2019 年 5 月 22 日，习近平总书记在江西考察时强调，要坚持以人民为中心的发展思想，从群众最关心的问题入手，坚持尽力而为、量力而行，落实各项惠民政策，做好普惠性、基础性、兜底性民生建设。2019 年 9 月 18 日，习近平总书记在河南考察时强调，要切实保障和改善民生，坚持尽力而为、量力而行，办好群众所急、所需、所盼的民生实事。

因此，做好民生工作，要处理好"尽力"和"量力"的辩证关系，既要顺应民心、尊重民意、关注民情，积极作为，努力抓好保障和改善民生各项工作，采取更多惠民生、暖民心举措，着力解决好人民群众急难愁盼问题，不断增强人民群众的获得感、幸福感、安全感；又要实事求是、立足当前，统筹考虑需要和可能，在经济发展和财力可持续的基础之上，重点加强基础性、普惠性、兜底性民生保障建设。不要好高骛远、吊高胃口，作兑现不了的承诺，否则就会失信于民。

三、认真落实重点任务

1.扎实推进共同富裕

共同富裕，是马克思主义的一个基本目标，是社会主义制度优越性的本质体现。马克思指出，未来社会的社会生产力的发展将如此迅速……生产将以所有人的富裕为目的。我国的共同富裕是社会主义现代化条件下的共同富裕，是不同民族、不同地区、不同阶层、不同社会群体的共同富裕，是物质生活与精神生活的共同富裕，是全体人民共建共治共享的共同富裕。邓小平同志指出，社会主义的本质，是解放生产力，发展生产力，消灭剥削，消除两极分化，最终达到共同富裕。这是从社会主义的本质出发提出共同富裕的目标，是社会主义共同富裕与其他资本主义国家共同富裕的本质区别。党的十八大以来，以习近平同志为核心的党中央为全面建成小康社会，打赢脱贫攻坚战作出了不懈的努力和强有力的民生保障改革措施。把人民的利益始终放在第一位，坚持以人民为中心，为促进共同富裕创造了良好的物质基础和政策措施。

共同富裕的总思路是，坚持以人民为中心的发展思想，在高质量发展中促进共同富裕，正确处理效率和公平的关系，构建初次分配、再次分配、第三次分配协调配套的基础性制度安排，加大税收、社保、转移支付等调节力度并提高精准性，扩大中等收入群体比重，增加低收入群体收入，合理调节高收入，取缔非法收入，形成中间大、两头小的橄榄型分配结构，促进社会公平正义，促进人的全面发展，使全体人民朝着共同富裕目标扎实迈进。

推动实现共同富裕的战略步骤是：到"十四五"末，全体人民共同富裕迈出坚实步伐，居民收入和实际消费水平差距逐步缩小；从2020年到2035年基本实现社会主义现代化，全体人民共同富裕取得更为明显的实质性进展，基本公共服务实现均等化；到本世纪中叶，全体人民共同富裕基本实现。共同富裕是全体人民共同富裕，既不是少数人的富裕，也不是平均主义、同时富裕。在中国这样一个拥有14亿多人口的大国，实现共同富裕要处理好先富和共富的关系，努力发展全过程人民民主，维护社会公平正义，推动人的全面发展，要有恒心、有耐心系统谋划共同富裕发展新格局。

2.完善分配制度

分配制度是保障共同富裕公平实现的基础性制度，要保证共同富裕的社会主义性质就要构建公正合理的财富分配方式。一直以来我国坚持以公有制为主体、多种所有制经济共同发展的所有制制度，以按劳分配为主体、多种分配方式并存的分配制度，构建初次分配、再分配、第三次分配协调配套的分配制度体系。努力提高居民收入在国民收入分配中的比重，提高劳动报酬在初次分配中的比重。坚持多劳多得，鼓励勤劳致富，促进机会公平，增加低收入者收入，扩大中等收入群体。规范收入分配秩序，规范财富积累机制，保护合法收入，调节过高收入，取缔非法收入。

要坚持效率与公平有机统一，既要把蛋糕做大，又要把蛋糕分好，避免发生贫富不均的两极分化和生产过剩危机。既需要经济的高质量发展，又需要构建公正合理的分配制度。充分发挥制度的激励作用，调动广大人民群众的积极性、创造性。目前，受发展不平衡不充分的社会矛盾制约，我国仍面临许多分配不均、增收困难、中等收入群体规模仍然比重偏低等问题。这些问题都成为实现共同富裕道路上的绊脚石。因此，首先我们需要不断强化初次分配的基础性作用，强化维护社会公平正义，增加低收入群体收入，扩大中等收入群体，提高社会韧性底线；其次是优化再分配机制，通过税收制度改革合理调节过高收入，减轻低收入群体的赋税负担，保护产权和知识产权，规范财富累积机制；最后是要发挥第三次分配增量效应，大力发展慈善组织，使社会保障制度与慈善事业有机衔接，营造宽松的政策环境，最大限度激励慈善事业发展。

3. 实施就业优先战略

就业是最基本的民生。就业稳则民心安、社会稳。必须践行以人民为中心的发展思想，坚持问题导向，千方百计稳定和扩大就业，努力实现更加充分更高质量就业，使人人都有通过勤奋劳动实现自身发展的机会。就业问题必须从战略高度谋划好、解决好。党的二十大报告强调指出，要强化就业优先政策，健全就业促进机制，促进高质量充分就业。实施就业优先战略，既是基本实现国家就业治理体系和治理能力现代化的必然要求，也是"十四五"时期促进高质量充分就业、劳动者实现体面劳动和全面发展的战略举措。

健全就业公共服务体系，完善重点群体就业支持体系，加强困难群体就业兜底帮扶。统筹城乡就业政策体系，破除妨碍劳动力、人才流动的体制和政策弊端，消除影响平等就业的不合理限制和就业歧视，使人人都有通过勤奋劳动实现自身发展的机会。"实施就业优先战略"这一重要部署，是巩固我们党的执政基础的必然要求，是适应我国基本国情和发展阶段的必然选择，是推进经济高质量发展的重要措施，是保障和改善民生的根本举措。"十四五"时期，就业领域矛盾和问题依然复杂严峻，人口和经济结构加快转变，国际产业链深入调整，新一轮技术革命和产业变革持续推进，世界经济格局和外部经济环境不确定性等对就业产生广泛而深刻的影响甚至冲击，就业总量压力和矛盾并存，重点地区、重点行业、重点人群失业风险有所上升。当前，部分劳动制度与经济发展需求不适应、与人民日益增长的美好生活需要不匹配的问题依然存在。做好就业工作必须深入实施就业优先战略，全面强化就业优先政策，坚持经济发展就业导向，扩大就业容量，提升就业质量，促进充分就业，缓解结构性就业矛盾，防范化解失业风险，努力实现更加充分更高质量就业。

4. 健全覆盖全民的社会保障体系

社会保障是民生安全网、社会稳定器，是维护国家长治久安、增进民生福祉、推动共同富裕、提供和谐稳定的重要社会制度。健全覆盖全民的社会保障体系，可以充分发挥社会保障制度缓解社会压力、兜底、保障、惠民的作用，同时也可以促进社会公平正义、调节国民收入再分配，从而增进民生福祉、满足人民群众需求结构变化、提升公共服务质量、最终实现共同富裕。要注重加强普惠性、基础性、兜底性民生建设，保障群众基本生活，使目前发展的成果惠及全体人民。习近平总书记在重庆考察时指出，做好普惠性、基础性、兜底性民生建设，就"要从最困难的群体入手，从最突出的问题着眼，从最具体的工作抓起，通堵点、疏痛点、消盲点，全面解决好同老百姓生活息息相关的教育、就业、社保、医疗、住房、环保、社会治安等问题"。保障群众的基本生活，必须真正弄清楚什么样的群众需要保障，需要保障什么样的基本生活。把钱花在刀刃上，把力用在"痛点"上；救困救急，可以不锦上添花，但一定要雪中送炭。

健全覆盖全民的社会保障体系，要优化社会保障制度设计，提升制度质量。健全覆盖全民、统筹城乡、公平统一、安全规范、可持续的多层次社会保障体系；充分依托和运用互联网、大数据等技术手段，完善基本养老保险全国统筹制度，发展多层次、多支柱养老保险体系；扩大社会保险覆盖面，健全基本养老、基本医疗保险筹资和待遇调整机制，推动基本医疗保险、失业保险、工伤保险省级统筹，促进多层次医疗保障有序衔接，完善大病保险和医疗救助制度，落实异地就医结算，建立长期护理保险制度，积极发展商业医疗保险，加快完善全国统一的社会保险公共服务平台，健全社保基金保值增值和安全监管体系；健全分层分类的社会救助体系，坚持男女平等基本国策，保障妇女儿童合法权益，建立健全政府救助与慈善救助衔接机制，增强社会救助创新发展活力动力；完善农村留守儿童和妇女、老年人关爱服务体系；完善残疾人生活保障制度和关爱服务体系，促进残疾人事业全面发展；坚持巩固脱贫攻坚的成果，建立解决相对贫困的长效机制；坚持房子是用来住的、不是用来炒的定位，加快建立多主体供给、多渠道保障、租购并举的住房制度。

5.推进健康中国建设

健康是广大人民群众的期盼和追求，维护人民健康是我们党性质和宗旨的重要体现。全民健康是实现全面小康社会的前提，是民族昌盛和国家富强的重要标志。全民健康事关人民群众的民生福祉、生活质量。增进人民健康福祉，事关人的全面发展、社会全面进步。全面推进健康中国建设是关系我国现代化建设全局的战略任务，是保障人民享有幸福安康生活的内在要求，是维护国家公共安全的重要保障。强化推进健康中国建设是事关人的全面发展、社会全面进步、人与自然和谐相处的重大举措，是改善生态环境、提升人民健康水平、转变生活方式、解决人民群众防病、治病和照护问题的重要制度保障。

实现提高全民健康水平的制度保障这一总体目标，重点任务主要包括：把保障人民健康放在优先发展的战略位置，完善人民健康促进政策；优化人口发展战略，建立生育支持政策体系，降低生育、养育、教育成本；实施积极应对人口老龄化国家战略，发展养老事业和养老产业，优化孤寡老人服务，推动实现全体老年人享有基本养老服务；深化医药卫生体制改革，促进医保、医疗、医药协同发展和治理；促进优质医疗资源扩容和区域均衡布局，坚持预防为主，加强重大慢性疾病健康管理，提高基层防病治病和健康管理能力；深化以公益性为导向的公立医院改革，规范民营医院发展；发展壮大医疗卫生队伍，把工作重点放在农村和社区；重视心理健康和精神卫生；促进中医药传承创新发展；创新医防协同、医防融合机制，健全公共卫生体系，提高重点疫情早发现能力，加强重大疫情防控救治体系和应急能力建设，有效遏制重大传染性疾病传播；深入开展健康中国行动和爱国卫生运动，倡导文明健康、人与自然和谐共生的生活方式。

要坚持把保障人民健康放在优先发展的战略位置。切实把保障人民健康融入经济社会发展各项政策，推动形成有利于健康的生活方式、生产方式和制度体系，实现健康与经济社会协调发展。强化每个人是自己健康第一责任人的健康宣传，推进健康中国建设人人参与、人人尽责、人人共享。要坚持基本医疗卫生事业公益属性，要建立稳定的公共卫生事业投入机制。同时充分发挥市场机制的作用，鼓励社会力量增加产品和服务供给，更好满足群众多元化卫生健康需求。要坚持补短板强弱项。当前，我国医疗卫生事业发展不平衡不充分，农村地区优质资源短缺，基层服务能力不强，要坚持目标导向和问题导向相结合，加快补齐短板和弱项，把基本卫生健康服务体系建设得更加完善，进一步提高服务的公平性和可及性。要积极应对人口老龄化。要加快构建居家社区机构相协调、医养康养相结合的养老服务体系，完善上门医疗卫生服务政策，推动医疗卫生服务向社区、家庭延伸。健全医疗卫生机构与养老机构合作机制，支持社会力量兴办医养结合机构，为老年人提供治疗期住院、康复期护理、稳定期生活照料、安宁疗护一体化的健康养老服务。鼓励各类主体举办老年大学，引导老年人以志愿服务形式参与乡村振兴、社区治理、公益慈善等。

第四章　让人民有更多的获得感、幸福感、安全感

——关于坚持和完善共建共治共享的社会治理制度

共建共治共享不只是社会治理的方式、过程，而且是我国社会治理的体系、目标，更是中国特色社会主义的一项基本制度。坚持和完善共建共治共享的社会治理制度，重要的是把"党委领导、政府负责、民主协商、社会协同、公众参与、法治保障、科技支撑"的社会治理体系及其相应制度坚持好、完善好、落实好。

一、坚持党委领导

1.发挥党委领导核心作用

党的领导是根本保证。中国共产党领导是中国特色社会主义最本质的特征，是中国特色社会主义制度的最大优势。社会治理体系是由众多子系统构成的复杂系统，核心是党的领导。党委在政治上具有统一领导权、协调权和决策权，能够有效地整合各方资源，推动社会治理各项工作的顺利开展。要加强党对社会治理的统一领导，把党的领导贯彻到社会治理各方面各环节，确保社会治理方向正确、目标明确、措施得力。

第一，要发挥党组织的统筹协调作用。既要充分尊重和保障各方主体的合法权益，又要加强对各方主体的引导和监督，形成党委领导、政府负责、市场调节、社会参与、公众监督、法治保障的社会治理格局。这样，才能有效解决社会矛盾和问题，维护社会秩序和稳定，促进社会公平和正义，增强人民群众的获得感、幸福感、安全感。

第二，要发挥党员干部的先锋模范带头作用。党员干部在社会治理中的先锋模范带头作用，是党的性质和宗旨的具体体现，是党的根本优势和领导核心的重要保证。发挥党员的先进性和模范带头作用，是党员的基本职责和义务，是推动社会治理创新和完善的重要力量。带领广大人民群众共同参与社会治理，是实现人民当家作主和社会主义民主政治的必然要求，是促进社会和谐稳定和发展进步的有效途径。

第三，要坚持走群众路线。坚持以人民为中心，听取和吸收广大人民群众的意见和建议，密切联系群众，可以推动社会治理工作贴近实际、贴近民生、贴近群众需求。能够体现社会治理工作的宗旨和价值取向，尊重人民的主体地位和创造性，满足人民的多样化和个性化需求，促进人民的幸福感和获得感。社会治理也需要听取和吸收广大人民群众的意见和建议，充分发挥人民群众的智慧和力量，增强社会治理工作的科学性和有效性，解决社会治理中的难点和矛盾。通过密切联系群众，还可以增进党委和人民群众之间的信任和团结，有利于形成共建共治共享的社会治理格局，提高社会治理水平和质量。

第四，要坚持全面从严治党。这是保证党的领导、人民当家作主、依法治国有机统一的根本保证，也是提高社会治理水平和效能的根本保障。党委领导下的全面从严治党，是确保党的领导能力和执政水平、提高党的创造力、凝聚力和战斗力、维护党的团结统一和纯洁性的根本要求。只有坚持党委领导下的全面从严治党，才能夯实党的执政基础，增强党的执政效能，提升党的执政形象，赢得人民群众的信任和支持，为社会治理提供坚强的政治保证。

2. 建立健全党委领导下的协调机制

要建立健全党委领导下的协调机制，发挥党委领导的作用，统筹政府、市场、社会等多方资源，形成社会治理的合力，推动社会治理工作的开展。

第一，要明确党委的职责和权力。党委是社会治理的最高决策机构，要负责制定社会治理的总体目标、方针、政策和措施，统筹协调各方面的资源和力量，督促落实社会治理的各项任务。

第二，要完善党委的组织体系。党委要根据社会治理的需要，设立相应的专门机构或工作部门，如社会治理委员会、综合治理办公室等，负责具体的协调、指导、监督和服务工作。

第三，要强化党委的引领作用。党委要发挥好政治引领、思想引领、组织引领和群众引领的作用，团结带领各方面共同参与社会治理，形成共建共享、共治共享的良好局面。

第四，要优化党委的协调方式。党委要根据不同的社会治理问题和对象，采取不同的协调方式，如定期召开会议、建立联席会议制度、建立信息共享平台、建立工作联络机制等，实现有效沟通、协商、协作和协助。

3. 提高党员干部领导社会治理的能力

建立健全社会治理制度，需要提高党员干部社会治理能力，使他们能够准确把握社会矛盾和问题的性质、规律和趋势，能够有效协调各方利益和诉求，能够创新社会治理方式和方法，能够有效预防和化解社会风险和危机，不断满足社会治理中更加多元化的需求。因此要加强对党员干部的培训和教育，提高其社会治理能力，使其具备良好的领导能力、协调能力、管理能力和服务能力。

第一，要增强政治意识。党员干部要坚持以习近平新时代中国特色社会主义思想为指导，切实增强"四个意识"，坚定"四个自信"，做到"两个维护"，把维护党中央权威和集中统一领导作为最高政治原则和根本政治规矩，把维护人民利益和社会稳定作为最大政治责任和根本政治任务，把服务人民、造福人民作为最高价值追求和根本工作目标。

第二，要增强服务意识。党员干部要始终坚持以人民为中心的发展思想，坚持人民立场、人民观点、人民取向，坚持群众路线，密切联系群众，倾听群众呼声，了解群众需求，反映群众意愿，尊重群众主体地位，保障群众合法权益，维护群众正当利益。党员干部要深入基层一线，深入实际情况，深入群众生活，深入群众心里，用心用情用力为群众办实事、解难事、做好事，赢得群众信任、支持和拥护。

第三，要提高专业能力。党员干部要提升专业素养和业务能力，不断学习关于社会治理的新知识、掌握新技能、运用新方法，适应新形势、解决新问题、应对新挑战。同时，党员干部还要加强法治观念和法律运用能力，依法履职尽责、依法行政执法、依法维护正义。最后，还要运用好科技手段，提升社会治理的数字化能力水平。

第四，要坚守党性原则。共产党员应始终坚守党性原则，发扬党的优良传统和作风，严格遵守党的纪律和规矩，做到以身作则、带头遵守法律法规和政策。

第五，要强化宣传引导。共产党员应积极宣传党的路线方针政策和社会主义核心价值观，引导广大群众树立正确的世界观、人生观、价值观，为构建和谐社会作出贡献。

第六，要落实政策措施。共产党员应以身作则，严格遵守各项政策法规，履行好各项工作职责，发挥党员先锋模范带头作用，引领广大群众积极参与社会治理。

第七，要积极带头参与。共产党员应积极参与社区和村庄的基层社会治理工作，发挥自身优势和作用，积极协助地方政府和社区组织，推动基层社会治理工作的顺利开展。共产党员要积极参加社会志愿服务活动，带领群众参与公益事业，促进社会和谐发展，树立共产党员良好形象。

二、强化政府负责

1.明确政府责任

政府是代表国家利益和社会公共利益的主体，有责任和义务维护社会秩序、保障人民权利、促进社会发展。政府通过制定和执行法律法规、提供公共服务、协调各方利益、监督和问责等方式，对社会进行有效的治理，实现国家和社会的长治久安。

第一，维护社会稳定和安全。政府作为社会治理的主体，应当坚定维护社会稳定和安全。新形势下，政府应加强预防和处置突发事件的能力，完善应急管理体系，加强对重点领域和群体的治理，落实维护人民群众生命安全和身体健康的责任。

第二，保障社会公正和公平。政府应当坚持以人民为中心的发展思想，始终把公正公平放在首位。要着力推进社会公平，扩大普惠性公共服务供给，加大收入分配调节力度，加强社会保障和民生工作，确保人民群众共享改革发展成果。

第三，提供公共服务和公共产品。政府应当加强公共服务和公共产品的供给，满足人民群众对于优质基础设施、环境保护、文化教育、卫生医疗等方面的需求。要深化公共服务领域改革，加快建设全国一体化、高效便捷的公共服务体系。

第四，加强社会组织和社区建设。政府应当支持和引导社会组织和社区发挥其作用，发挥基层治理的作用。要积极推进社区治理现代化，构建多元化的社区治理格局，发挥社区力量在居民自治、公共服务、文化教育等方面的作用，提高社区居民参与社会治理的积极性和自觉性。

第五，推进政务公开和信息公开。政府应当加强政务公开和信息公开，推动政府决策公开透明、运行规范、监督有力。要积极推进数字政府建设，提高政府信息化水平，加强信息资源整合和利用，推进政务服务一网通办，更好地服务人民群众。

2.改进方式方法

各级政府要适应社会治理新形势、新任务、新要求，不断改进工作方式方法，推动社会治理创新实践。

第一，完善法治保障。法治是社会治理的基本原则和最高准则，政府应该在法治轨道上行使权力，接受法律监督，履行法定职责。要制定和完善与政府责任相关的法律法规，明确政府的职能范围、权力边界、责任主体、责任内容、责任形式、责任机制等，规范政府行为，防止权力滥用和失职渎职。要加强对政府的监督问责，建立健全民主监督、司法监督、舆论监督等多元化的监督体系，及时发现和纠正政府的不作为、乱作为、错作为，对违法违纪的政府官员依法依纪追究责任。

第二，加强组织协调。首先是建立健全组织机构，明确职责分工，加强协调沟通，确保各部门间信息共享、资源共享，形成协同效应。其次是创新工作机制，以社会工作部设立为契机，加强跨部门、跨地区、跨领域合作，实行联席会议、联合行动等方式，形成合力。此外，还需要推进信息化建设，建立信息共享平台和社会监督机制，实现政府与社会各方信息互通和互动等。

第三，强化协同保障。协同是社会治理的有效方式和重要特征，政府应该发挥引领作用，充分调动和整合各方面的力量和资源，形成合力共治的社会治理格局。要加强与人大、政协、法院、检察院等国家机关的沟通协调，实现权力制衡和相互配合。要支持和引导社会组织、企业、专业机构等参与社会治理，发挥其专业优势和社会影响力。要尊重和保护人民群众的主体地位和参与权利，激发其自我管理、自我服务、自我教育、自我监督的积极性。

第四，完善决策机制。政府应该加强对社会问题的调研和研究，深入了解各方利益关系和需求状况，掌握社会发展趋势和问题变化，为制定科学合理的政策提供依据。要建立健全政策制定、实施、监督和评估的机制，强化政策衔接和协同，确保政策的科学性、可行性和有效性。加强信息化建设，提升政务公开和信息公开的水平，增强政策的透明度和公信力，提高政府的管理效能和社会信任度。

第五，优化服务保障。服务是政府责任的重要内容和表现形式，政府应该以人民为中心，以人民满意为标准，不断提高公共服务的质量和效率。要深化简政放权、放管结合、优化服务的改革，创新服务模式，推进"互联网＋政务服务"，实现线上线下一体化、部门间协同化、区域间互通化的服务网络，方便群众办事创业。要加大公共资源配置和投入，均衡覆盖城乡居民，提升教育、医疗、养老、住房等基本公共服务水平，保障人民群众基本生活需要。

三、加强民主协商

1.在加强和创新社会治理中加强民主协商意义重大

加强民主协商是中国特色社会主义制度的显著优势。民主协商是指在平等、自由、开放的条件下，通过对话、沟通、协商等方式，就共同关心的问题或事项，达成共识或决策的民主形式。民主协商是中国特色社会主义制度的一大优势，是有效解决社会矛盾和促进社会和谐的途径，也是增进民众参与感和获得感的重要机制。

第一，加强民主协商有利于促进社会各方面的团结协作和共同发展。通过民主协商，可以增进各方面的相互了解和信任，化解或减少各种潜在或显性的矛盾和冲突，维护社会稳定和安全；可以增强各方面的相互尊重和包容，形成多元而有序的社会格局，促进社会文明和进步；可以增强各方面的相互支持和协作，形成共同参与、共同建设、共同享有的良好氛围，推动社会发展和创新。

第二，在加强和创新社会治理中加强民主协商，有利于提高社会治理的科学性、民主性和法治性。通过民主协商，可以充分调动和整合各方面的智慧和力量，形成科学合理的决策和方案，提高社会治理的效率和效果；可以广泛听取和反映各方面的意见和诉求，保障各方面的合法权益，增强社会治理的公信力和公正性；可以遵循法律法规和社会规范，规范各方面的行为和责任，强化社会治理的规范性和约束性。

2. 在加强和创新社会治理中加强民主协商的目标任务

第一，建立健全民主协商机制。政府应该建立健全民主协商机制，形成由政府主导、多方参与、广泛协商的决策模式。例如，设立相关委员会和咨询机构，建立协商会议、听证会等民主协商平台，以广泛听取社会各方面的意见和建议。

第二，加强信息公开和沟通交流。政府应该加强信息公开和沟通交流，及时向社会公开政策、法规、规划等相关信息，并且广泛听取各方面的意见和建议。政府应该通过各种渠道与社会各界建立更加密切的联系，让社会各方面对政策的制定和执行有更深入的了解。

第三，加强社会组织和公民参与。政府应该积极引导和支持社会组织和公民参与社会治理，鼓励社会组织和公民参与政策制定、社会监督和民主协商等方面的工作。例如，政府可以通过设立公民议事厅、社区咨询委员会等机构，建立社会组织与政府的合作机制，发挥社会组织和公民的作用。

第四，完善法律法规和规章制度。政府应该加强法律法规和规章制度的完善，保障公民的合法权益和自由。同时，政府应该鼓励公民通过合法渠道维护自身的合法权益，增强公民的法律意识和法治观念。

四、促进社会协同

1. 在加强和创新社会治理中促进社会协同意义重大

社会协同是指国家、市场、社会组织和公民之间，基于共同目标和利益，通过沟通、协商、合作、协调等方式，实现资源整合，解决社会问题，提高社会效率和福祉的机制。

第一，良好的社会协同有利于提高社会治理的民主性和包容性，能够充分发挥各方的主体性和参与性，增强社会治理的共识基础和合法性，反映多元利益和诉求，调节不同群体和领域的关系，减少冲突和对抗，促进社会和谐。

第二，良好的社会协同有利于提高社会治理的创新性和灵活性，能够激发各方的创造力和活力，形成多元化的治理模式和路径，适应不断变化的社会环境和需求，应对复杂多变的社会问题，增强社会治理的适应性和有效性。

第三，良好的社会协同还能够提高社会治理的综合性和协调性，能够实现社会治理中各方的资源共享和优势互补，形成整体优于部分的治理效果，避免资源浪费和效率损失，优化资源配置和利益分配，实现社会治理的优化与升级。

2.在加强和创新社会治理中促进社会协同的目标任务

第一，建立协同机制，形成工作合力。政府应当建立跨部门、跨领域、跨层级的协同机制，实现各部门之间、各层级之间的信息共享和协同工作。完善协同治理机制，还需要设立协调机构，成立专门工作组或任务组，制定协调计划和工作方案，确保各部门之间、各层级之间信息共享和协同工作的有效实施。

第二，加强合作交流，促进协同创新。政府应当加强与社会各方面的沟通交流，广泛征求社会各方面的意见和建议，促进社会各方面共同参与社会治理。为此，政府可以开展多种形式的协同交流活动，例如召开座谈会、开展网上调查、成立专家委员会等，以便及时了解各方面的意见和建议，并根据情况及时调整社会治理中的措施。

第三，发展多元主体，搭建合作平台。社会协同需要多元化的参与主体，包括政府部门、企业机构、民间组织、专业团体、个人公民等。这些主体要根据自身的特点和优势，发挥各自的作用和功能，相互配合，相互支持。同时，要建立有效的合作平台，如信息共享、资源整合、项目对接、利益协调等，促进各方面之间的沟通和协作。

第四，强化价值引领，培育共识文化。社会协同需要有共同的目标和价值观作为凝聚力和动力。要坚持以人民为中心，以人民利益为根本出发点和落脚点，以人民满意为最高标准。要弘扬中华优秀传统文化，倡导爱国主义、集体主义、奉献精神等社会主义核心价值观。要加强思想道德建设，培育诚信、友善、包容、合作等良好风尚。要通过教育、宣传、引导等方式，形成广泛而深厚的社会协同共识。

五、动员公众参与

1. 在加强和创新社会治理中动员公众广泛参与的重大意义

第一，公众参与社会治理，有助于提高社会治理的透明度、公正性和公信力，增强社会治理的民主性和法治性。同时，公众参与还可以增强公众的自我管理能力和社会责任感，推动社会治理更好地服务于公众。鼓励公众参与社会治理，不仅是民主权利的体现，也是社会发展的需要。

第二，公众参与社会治理，有利于提高社会治理的效率。公众是社会治理的主体和对象，对社会问题有着最为直观的感受和判断，也有着自己的需求和期待。社会治理中，良好的公众参与度，可以及时收集和反馈社会信息，增强政策的针对性和适应性，避免资源浪费和决策失误。良好的公众参与也可以调动社会各方的积极性和创造性，形成社会治理的合力，提高社会治理的执行力和协调力。

第三，良好的公众参与可以增加社会治理的民意基础和合法性，提升公众对社会治理的认同感和满意度，增强社会治理的可持续性。公众参与也可以促进社会治理的创新和改进，激发社会活力和动力，推动社会治理的优化和升级。公众参与社会治理，有利于提高社会治理的公信力。公众参与可以增加社会治理的透明度并发挥监督性作用,防止社会治理的腐败和失范,保障社会治理的公正和公平。同时,公众参与也可以增加社会治理的包容性和多元性,尊重和保护社会各方的权益和声音,促进社会治理的民主化和法治化。

因此,鼓励公众参与社会治理,既符合时代的呼吁和人民的需要,也有利于实现国家长治久安和人民幸福安康。应该积极推进公众参与机制的建设和完善,营造良好的公众参与环境和氛围,激发广大人民群众参与社会治理的热情和能力。

2.在加强和创新社会治理中动员公众广泛参与的目标任务

第一,完善公众参与的制度机制。政府要建立完善的公众参与制度机制,制定和完善有关公众参与的法律法规,明确公众参与的主体、方式、程序和权利义务,保障公众依法参与社会治理的权利,包括民主协商、听证、公示、问询、评议等制度,并加强公众反馈和建议的收集和利用,为公众提供充分表达意见和建议的机会。制度机制的建立需要政府各级部门和社会各方面共同参与,确保制度具有针对性、实用性和有效性。此外,政府还应当通过宣传和教育,让公众了解各项参与制度的相关规定和具体操作方式,提高公众参与意识和能力。

第二,推动信息公开和舆情监测。政府应该加强信息公开,提高信息透明度,同时加强舆情监测和分析,及时了解社会热点、民意倾向和问题反映,为治理决策提供科学依据。政府可以通过建立信息公开平台和舆情监测系统等方式,实现信息公开和舆情监测的全面化和系统化。同时，政府还应当将信息公开和舆情监测的结果及时反馈给公众，并根据反馈意见和建议进行调整和改进。

第三，加强公众参与的组织和协调。发挥党组织在社会治理中的领导作用，统筹协调各级政府、各部门、各行业、各领域的工作，形成公众参与的合力。支持和引导社会组织、志愿者组织、专业机构等在社会治理中发挥积极作用，为公众提供更多参与的途径和载体。加强对公众参与的监督和评价，及时反馈和采纳公众的意见和建议，激发公众参与的积极性和主动性。

第四，拓展公众参与的领域和范围。将公众参与贯穿于社会治理的各个环节，如决策、执行、监督等，保证社会治理的常态化和制度化。将公众参与延伸到社会治理的各个层面，如国家层面、地方层面、基层层面等，保证社会治理的全方位和多元化。将公众参与扩展到社会治理的各个领域，如经济领域、政治领域、文化领域、生态领域等，保证社会治理的全面和协调。

六、完善法治保障

1. 在加强和创新社会治理中完善法治保障的重大意义

第一，完善法治保障有利于维护社会稳定。在现代社会，法治是保障社会改革、发展、稳定的基石。只有依靠法治，才能够建立起公平、公正、透明、规范的社会秩序和法治环境。制度化的法治保障不仅能够让公民和企业家感受到更强的安全感和信任感，同时还能够有效地遏制和打击各种违法犯罪行为，维护社会秩序和谐稳定。更重要的是，社会治理中坚持完善法治保障，能够保障社会主义制度的权威性和有效性。社会主义制度是中国特色社会主义的根本制度，是中国人民在长期革命和建设实践中创造和选择的最符合国情和人民利益的制度。完善法治保障，就是要用法律规范、维护、发展社会主义制度，确保制度不变形、不走样、不弱化，使之成为推动社会发展、保障人民福祉、反映人民意志、凝聚人民力量的强大动力，保障社会治理取得更加明显的成效。

第二，完善法治保障有利于促进社会公正和公平。法律是规范社会行为的基础，公正和公平是法治的基本要素。只有在法治保障下，才能够实现对各种权益的平等保护，避免权力滥用、不公正的行为，建立起公正、公平、有序的社会秩序和法治环境。完善法治保障可以有效地防范和纠正不正之风，保障公民和企业的合法权益，营造公正公平的社会环境，保障人民群众的合法权益和根本利益。人民群众是国家的主体，是社会的基础，是法治的最终目的，是社会治理的最终落脚点。完善法治保障，就是要用法律保护人民群众的生命财产安全、政治参与权利、经济发展机会、文化教育福利、生态环境质量等方面的合法权益和根本利益，使之享有平等、自由、尊严、幸福的生活。

第三，完善法治保障有利于提高治理效率和质量。法治保障能够有效地规范政府行为，避免政府权力过度扩张和滥用。在制度化的法治保障下，政府的行为会更加规范、更加透明，行政效率和质量也会更高。这有利于提高社会治理的效率和质量，为公民和企业提供更好的公共服务和保障。

2.在加强和创新社会治理中完善法治保障的目标任务

第一,完善法律法规体系。在完善法治保障方面,建设健全法律法规体系是重要的一环。这包括制定、修订、完善相关法律法规,为社会治理提供明确的法律依据。同时,要加强对法律法规的执行和监督,确保法律的严格实施。

第二,增强法律意识和法治素养。加强公民法制教育,提高人民群众的法律意识和法治素养,是完善法制保障的关键。在教育中,要强调法律的权威性和普遍适用性,让人民群众深刻认识到依法治国的重要性,自觉维护社会稳定和公平正义。

第三,建立法律援助制度。建立健全法律援助制度,让经济困难的人民群众能够享有法律服务和保障,是完善法制保障的重要手段。要完善法律援助机构的组织和管理,提高法律援助的质量和效率,确保人民群众的合法权益得到保护。

第四,健全公正司法制度。建设更加公正高效权威的社会主义司法制度至关重要,着力不断推进保障审判公正、改进司法机制、提高司法工作效率。要加强对司法人员的培训和管理,提高司法人员的素质和能力,确保公正执行法律。

第五,推进科技与法治融合。在现代社会,科技与法治融合已经成为必然趋势。要积极推进科技与法治融合,充分利用信息化技术、大数据、人工智能等先进技术,提高社会治理的科技化水平,使法治保障更加高效、精准。

第六，加强法治文化建设。法治文化是法治社会的重要支撑，是完善法制保障的必要措施。要通过各种形式和渠道，推广法治文化，加强公民法制观念的宣传和教育，提高人民群众的法治素养和自我保护意识。

七、依托科技支撑

1. 在加强和创新社会治理中强化科技支撑的重大意义

科技可以提高社会治理的效率、效果和水平，为社会治理提供更多的数据、信息、知识和智慧，是社会建设现代化的重要标志。在当今信息化时代，科技已经深刻改变了人们的生活和社会形态，为社会治理提供了更多更广的可能性和选择。

第一，依托科技支撑能够有效提高治理效率。科技在社会治理中的应用可以大大提高政府和社会组织的治理效率。通过科技手段，政府可以快速获取大量的信息，包括社会民生、经济发展、环境治理等各个方面的数据，从而帮助政府更好地了解社会状况和问题，制定更加精准和有针对性的政策和措施。科技手段还可以帮助政府实现信息共享、资源整合、业务协同，提高政府的治理效率。政府通过数字化平台能够更好地实现各部门之间信息的互通共享。

第二，依托科技支撑能够有效促进信息公开。科技在社会治理中的应用可以促进政府信息公开，进一步增强政府的透明度和公信力。依托科技手段，政府可以更加方便、快捷地向公众公开信息。政府可以建设信息公开平台，将各类信息、政策文件、数据统计公开。此外，科技手段也可以提高信息公开的效率和质量。例如，可以借助人工智能等技术实现信息的智能化审核和处理，从而避免人工处理的烦琐和错误，提高信息的可信度和可靠性。

第三，依托科技支撑能够增强社会参与。依托科技手段可以在社会治理中帮助政府更好地与公众沟通，增强公众的参与感和满意度。通过科技手段，政府可以更加方便地向公众传递政策信息、宣传政策成果等。同时，政府也可以通过数字化平台等手段，让公众更加方便地提出意见和建议，参与政策的制定和实施。此外，科技手段还可以帮助政府提供更加便捷和高效的公共服务，例如在线申办、网上支付等，进一步提高公众的满意度和信任度。

2. 在加强和创新社会治理中强化科技支撑的目标任务

第一，推进数字化和智能化社会治理。社会治理需要借助现代信息技术，将治理手段方式进行数字化和智能化的改造和升级。数字化和智能化社会治理具有高效、精准、公正、透明等特点，可以提高社会治理的水平和效率，优化社会治理的方式和手段。推进数字化和智能化社会治理，需要加强信息化建设，建立全面覆盖的数字化基础设施，提高政府和社会组织的信息化能力，加强数字化技术的研究和应用，以及推动数字经济的发展。然而，在推进数字化社会治理进程中，需要注意尊重个人信息和隐私，建立健全的信息安全保护机制，确保信息的安全和合法使用。

第二，加强信息化和网络安全建设。信息化和网络安全建设需要建立安全、稳定、高效的网络环境，加强网络安全监管和防范，防止网络攻击、网络犯罪和信息泄露等问题。同时，需要建立健全的法律法规和标准体系，规范网络行为和信息使用，加强对网络安全人才的培养和引进，提高网络安全防范和处置能力。

第三，发挥大数据和人工智能作用。大数据和人工智能是社会治理依托科技支撑的重要方式，利用大数据和人工智能技术，可以有效对社会现象进行深入分析和预测，提供科学决策的支持和指导。大数据和人工智能技术还可以加强公共服务的智能化和个性化，提高公共服务的质量和效率。同时，需要加强大数据和人工智能技术的应用研究和人才培养，加强对数据隐私和信息安全的保护，确保大数据和人工智能技术的合法、安全和可持续发展。

第五章　发展全过程人民民主

——关于畅通和规范群众诉求表达、
利益协调、权益保障通道

为什么党的十八大以来提出并强调发展全过程人民民主？因为，全过程人民民主是社会主义民主政治的本质属性，是全链条、全方位、全覆盖的民主，是最广泛、最真实、最管用的民主；因此，要把我国民主制度的优势转化为国家治理的效能，就必须发展全过程人民民主，具体到社会建设与社会治理工作中，畅通和规范群众诉求表达、利益协调、权益保障通道，至关重要。

一、发展全过程人民民主

1.发展全过程人民民主内涵深刻

民主是全人类的共同价值，是中国共产党和中国人民始终不渝坚持的重要理念。没有民主就没有社会主义，就没有社会主义的现代化，就没有中华民族伟大复兴。2019 年 11 月，习近平总书记在上海市长宁区虹桥街道视察时，明确提出全过程人民民主的概念。2021年 10 月，习近平总书记在中央人大工作会议上指出，我国全过程人民民主实现了过程民主和成果民主、程序民主和实质民主、直接民主和间接民主、人民民主和国家意志相统一，是全链条、全方位、全覆盖的民主，是最广泛、最真实、最管用的社会主义民主。发展全过程人民民主，是中国式现代化的本质要求，充分彰显了中国式民主道路的显著优势。

第一，全过程人民民主是保障人民当家作主的正确道路。以什么样的思路来谋划和推进中国社会主义民主政治建设，在国家政治生活中具有管根本、管全局、管长远的作用。坚持正确的政治发展道路是关系根本、关系全局的重大问题。中国特色社会主义政治发展道路，是近代以来中国人民长期奋斗历史逻辑、理论逻辑、实践逻辑的必然结果，是坚持党的本质属性、践行党的根本宗旨的必然要求。中国特色社会主义政治发展道路，既有科学的指导思想，又有严谨的制度安排；既有明确的价值取向，又有有效的实现形式和可靠的推动力量。事实充分证明，中国社会主义民主政治具有强大生命力，中国特色社会主义政治发展道路符合中国国情，全过程人民民主是保证人民当家作主的正确道路。

人民民主是社会主义的生命，是全面建设社会主义现代化国家的应有之义。社会主义愈发展，民主也愈发展。党的十八大以来，以习近平同志为核心的党中央深化对民主政治发展规律的认识，提出全过程人民民主的重大理念，丰富和发展了社会主义民主政治理论，为社会主义政治文明发展提供根本遵循。党的二十大报告提出全过程人民民主是社会主义民主政治的本质属性，深刻揭示了全过程人民民主，是中国特色社会主义民主政治的鲜明特征。在前进道路上，要坚定不移走中国特色社会主义政治发展道路，推进社会主义民主政治建设，发展全过程人民民主，保障人民当家作主，充分体现人民意志、保障人民权益、激发人民创造活力。

第二，全过程人民民主是最广泛、最真实、最管用的社会主义民主。我们党始终高举人民民主的旗帜，领导人民进行不懈探索和奋斗，不断发展社会主义民主，确保人民享有广泛而真实的民主权利。党的十八大以来，以习近平同志为核心的党中央深化对民主政治发展规律的认识，提出全过程人民民主的重大理念。习近平总书记指出，全过程人民民主是社会主义民主政治的本质属性，是最广泛、最真实、最管用的民主。

最广泛、最真实、最管用主要体现在人民享有广泛权利、人民民主参与不断扩大、国家治理高效、社会和谐稳定、权力运用得到有效制约和监督。全过程人民民主还是全链条、全方位、全覆盖的民主，不仅有完整的制度程序，而且有完整的参与实践，形成了全面、广泛、有机衔接的人民当家作主制度体系，构建了多样、畅通、有序的民主渠道，实现了过程民主和成果民主、程序民主和实质民主、直接民主和间接民主、人民民主和国家意志相统一。在我国全过程人民民主实践中，全体人民依法实行民主选举，民主协商、民主决策、民主管理、民主监督，依法通过各种途径和形式管理国家事务，管理经济和文化事业，管理社会事务，实现了最广大人民的广泛持续参与。全过程人民民主充分彰显社会主义国家性质，充分彰显人民主体地位，使人民意志得到更好体现、人民权益得到更好保障、人民创造活力进一步激发。

第三，全过程人民民主是健全人民当家作主的制度体系。发展社会主义民主政治，要用制度体系保障人民当家作主。我国实行工人阶级领导的、以工农联盟为基础的人民民主专政的国体，实行人民代表大会制度的政体，实行中国共产党领导的多党合作和政治协商制度，实行民族区域自治制度，实行基层群众自治制度。这样一套制度安排，是在我国历史传承、文化传统、经济社会发展的基础上长期发展、渐进改进、内生性演化的结果，具有鲜明的中国特色，必须长期坚持、全面贯彻、不断发展。

2.发展全过程人民民主的基本要求

党的二十大报告把发展全过程人民民主确立为中国式现代化本质要求的一项重要内容，对"发展全过程人民民主，保证人民当家作主"作出了全面部署、提出了明确要求。

第一，坚持中国共产党的领导。中国共产党始终代表中国最广大人民的根本利益，中国共产党的领导是实现我国全过程人民民主的根本保证。发展全过程人民民主，必须毫不动摇坚持中国共产党的领导，保证党的理论、路线、方针政策和决策部署在国家工作中得到全面贯彻和有效执行，支持和保证国家政权机关依照宪法法律积极主动、独立负责、协调一致开展工作。坚持和发展全过程人民民主，就是要在党的领导下，从各层次各领域扩大人民有序政治参与，使各方面制度和国家治理更深刻地体现人民意志，更广泛地保障人民权益，充分彰显我国全过程人民民主的鲜明特色；就是要保证把党关于全过程人民民主的价值理念、原则精神、目标任务、运行程序以及规范要求等落实到人民当家作主各环节，落实到人民群众参与国家和社会治理的具体实践中，保证党领导人民有效治理国家；就是要支持和保证人民当家作主，把体现人民利益、反映人民愿望、维护人民权益、增进人民福祉贯彻落实到党治国理政的各领域全过程。新发展阶段，要坚持党对民主政治建设工作的集中统一领导，使全过程人民民主制度化、规范化、程序化水平进一步提高。

第二，加强人民当家作主制度保障。发展全过程人民民主，就是要使各项制度更好体现人民意志、保障人民权益、激发人民创造，用制度体系保证人民当家作主。新征程上，发展全过程人民民主，要健全人民当家作主制度体系，扩大人民有序政治参与，保证人民依法实行民主选举、民主协商、民主决策、民主管理、民主监督，发挥人民群众积极性、主动性、创造性，巩固和发展生动活泼、安定团结的政治局面。要坚持和完善我国根本政治制度、基本政治制度、重要政治制度，拓展民主渠道，丰富民主形式，确保人民依法通过各种途径和形式管理国家事务，管理经济和文化事业，管理社会事务。人民代表大会制度是实现我国全过程人民民主的重要制度载体。人民代表大会制度作为根本政治制度，具有强大生命力和显著优越性，是符合中国国情和实际、体现社会主义国家性质、保证人民当家作主、保障实现中华民族伟大复兴的好制度。坚持和完善人民代表大会制度，通过人民代表大会制度充分保证人民当家作主，确保各级人大代表具有广泛的代表性、更加密切联系群众、忠实代表人民意志和利益，确保党和国家在决策、执行、监督、落实各个环节都能听到来自人民的声音。

第三，全面发展协商民主。协商民主是实践全过程人民民主的重要形式，是中国社会主义民主政治中独特的、独有的、独到的民主形式。社会主义协商民主，是在中国共产党领导下，人民内部各方面围绕改革发展稳定重大问题和涉及群众切身利益的实际问题，在决策之前和决策实施之中开展广泛协商，努力形成共识的重要民主形式。社会主义协商民主是实现党的领导的重要方式，是我国社会主义民主政治的特有形式和独特优势，其极大地丰富了民主的形式、扩展了民主的渠道、加深了民主的内涵。完善协商民主体系，统筹推进政党协商、人大协商、政府协商、政协协商、人民团体协商、基层协商以及社会组织协商，健全各种制度化协商平台，推进协商民主广泛多层制度化发展。要坚持和完善中国共产党领导的多党合作和政治协商制度，坚持党的领导、统一战线、协商民主有机结合，发挥人民政协作为专门协商机构作用，加强制度化、规范化、程序化等功能建设，提高深度协商互动、意见充分表达、广泛凝聚共识水平。

第四，积极发展基层民主。基层民主是全过程人民民主的重要体现，是实践全过程人民民主的场域。发展基层民主，完善基层群众自治制度，是社会主义民主政治建设的基础。基层民主是直接、有效、有活力的民主。我国基层群众自治机制，保障了基层群众广泛、直接、有效行使民主权利，彰显了人民当家作主的广泛性、真实性、有效性。积极发展基层民主，夯实全过程人民民主的基础，是推进基层治理体系和治理能力现代化的内在要求，也是推进国家治理体系和治理能力现代化的重要基础。积极发展基层民主，要推进基层民主制度化、规范化、程序化；要畅通民主渠道，健全基层选举、议事、公开、述职、问责等机制，完善民主选举、民主协商、民主决策、民主管理、民主监督制度；要促进群众在城乡社区治理和基层公共事务中依法自我管理、自我服务、自我教育、自我监督，保障人民依法直接行使民主权利；要把体现人民利益、反映人民愿望、维护人民权益、增进人民福祉落实到民主的各领域各环节全过程。

第五，巩固和发展最广泛的爱国统一战线。统一战线是凝聚人心、汇聚力量的强大法宝。在长期的革命、建设、改革过程中，已经结成由中国共产党领导的，有各民主党派和各人民团体参加的，包括全体社会主义劳动者、社会主义事业的建设者、拥护社会主义的爱国者、拥护祖国统一和致力于中华民族伟大复兴的爱国者的广泛的爱国统一战线，为党和人民事业作出了重要贡献。踏上新征程，统一战线在维护国家主权、安全、发展利益上的作用更加重要，在围绕中心、服务大局上的作用更加重要。人心向背、力量对比是决定党和人民事业成败的关键，是最大的政治。统一战线的历史使命和价值导向与人民民主的价值追求高度契合，充分彰显了全过程人民民主的广泛性和真实性。即统一战线集中体现了全过程人民民主的特质，也是全过程人民民主的重要实现形式，推进中国式民主不断发展。

二、畅通和规范群众诉求表达渠道

1.加强作风建设与宣教引导

诉求表达是宪法赋予公民的一项基本权利。群众诉求表达机制的健全本质上是权力与权利沟通平台的完善。这一平台的运行实效与平台双方的态度、素质和能力密切相关。一方面要加强干部作风建设和思想引导，使其将服务群众、实现群众利益作为自身的价值追求。这不仅有利于有效落实诉求表达机制，保障群众的合法合理权益，更有利于增强政府的公信力，使政府办事更加科学有效，过程更加严谨透明。另一方面要强化群众宣教引导工作。群众诉求表达机制的健全，离不开作为权利主体的群众。引导群众依法理性表达诉求，将具有一定法律根据的利益诉求，以法定形式向有关部门反映以寻求权益保护，也是社会文明的重要体现。具体而言是要加强对群众科学的教育引导，引导群众学习法律、法规，增强群众法治意识和社会道德意识。及时向群众宣传党和国家的方针、政策，引导和规范群众通过合法的渠道表达自己的合理利益诉求，避免群众通过不合法的、非理性的渠道表达自身利益诉求或宣泄不满情绪，最终造成消极的社会影响。

2. 畅通传统渠道与新兴渠道

一方面要完善传统的群众诉求表达渠道，要更好地发挥人大代表、政协委员的中介桥梁作用。加强人大代表、政协委员对群众诉求的收集功能，充分发挥其群众利益表达作用，有效发挥其民主民意表达"直通车"作用，做到接地气、察民情、聚民智、惠民生。要完善信访制度这一党和政府联系群众的传统主渠道。信访制度有着其他载体不可替代的作用，创新信访工作，落实信访责任，同时联动多方诉求表达网络。另一方面要扩宽新兴的群众诉求表达渠道，在发挥好各级人大、政协、信访部门作用的同时，积极搭建深入基层的诉求反映和协商平台，使群众能够将自己的要求、意见畅通反映到决策层。要积极运用微博、直播、论坛等多种信息化手段，充分发挥多种媒体的沟通与监督作用，拓宽执政党和决策者了解群众真实想法与诉求的途径，加强与群众的互动和沟通，并将新兴的群众诉求表达方式制度化、规范化、法治化。同时，要积极引导媒体充分利用其贴近实际、贴近生活、贴近群众的优势，正确及时地反映社会问题、表达成员需求。并通过各媒体平台积极关注舆情，做到及时回应和正确引导。

3. 健全政策制度与协调机制

要逐步完善已有的常态化政策与制度建设，并不断协调完善相关政策制度。要提高重大事项决策的公开与透明性，落实群众的表达权与知情权。大力推行政务公开、办事公开，合理运用专家与群众的智慧与建议，提高政府决策的民主化与科学性，从根本上减少社会不和谐因素。要完善群众诉求反馈机制。有效沟通和信息反馈是对利益诉求决策有效性和完成度的反映，形成从表达到综合、再到决策、最后到反馈的完整循环系统，不仅有利于及时纠错纠偏，还有利于为新的决策提供参考。要把群众诉求表达纳入制度化、规范化、法治化轨道。利益诉求表达是宪法赋予每个公民的基本权利，各级政府要完善制度设计，规范和保障各类利益主体的职责和权利，使所有利益主体的话语权都能够得到充分的制度支持和制度保障，保障人民在政治、经济、文化、社会等方面的权利和利益。要健全群众诉求表达的统一协调机制。加强部门与部门、部门与地区、地区与地区之间的协调沟通，有效落实相关政策制度在不同地区、部门、行业间的执行力度。同时，明确划分职能与权责，建立严格责任追究制度，综合运用多种手段解决跨地区、跨部门、跨行业的利益诉求，受理问题由专人负责，全程跟踪实时反馈，做到各主体间有效衔接，保证各项机制高效运转。

4. 培育社会氛围与社会力量

政府与企业之外的重要社会力量在完善群众诉求表达机制中也起着至关重要的作用。应注重积极社会氛围的营造并加强相关社会力量的培育，以畅通群众诉求的表达。要构建良好的沟通表达环境，鼓励群众积极合理合法进行诉求表达。社会需要理性的权益诉求表达，提升群众认知和分析能力，增强群众诉求表达意识和渠道了解，使群众更好地参与政治生活，切实地维护自身权益。要建立群众与政府或政策制定方双向互动的沟通模式。鼓励相关工作人员主动听取群众利益诉求，并定期和不定期走访群众、举办群众座谈会、发放调查问卷、听取和收集群众意见，将可能的矛盾和问题"前置"，扩大公共政策的覆盖面和代表性，营造良好的社会氛围。要切实加强对弱势或特殊群体诉求的保护。正确引导各类利益主体的诉求表达方式，增强弱势或特殊群体维护合法权益的意识，加强其诉求表达的能力和表达渠道的建设，有利于保障人民群众特别是弱势或特殊群体的合法权益。要切实加强非政府组织的参与度和话语权。诉求表达的主体除个人外，还有各类组织和集团等，有效动员社会力量，发挥工会、共青团、妇联等群团组织的桥梁纽带作用，鼓励代表民间利益的非政府组织在矛盾化解中发挥功效，实现全社会的协同合作，营造良性的诉求表达环境。

三、完善群众利益协调机制

1. 建立健全群众利益引导约束机制

利益问题根本上是价值问题，利益协调需要对群众利益追求进行合理引导和约束，即健全群众利益协调机制应当包括建立健全有效的群众利益引导约束机制。有效的群众利益引导约束机制是指，通过法律和道德两种手段，对群众获取利益的方式进行合理引导和严格约束。可以理解为是以道德为内在力量，以法律为底线的引导约束机制。道德是引导群众选择利益行为的内在约束力量，各级党委和政府应从思想教育入手，加强公民思想道德和社会主义义利观的建设，引导人们正确看待当前利益分化的现象，正确处理个人利益和集体利益、局部利益和整体利益、当前利益和长远利益的关系。同时，引导群众树立正确的道德观念，能够做到明是非、晓真假、辨丑恶、知对错，以约束群众的利益动因和利益行为。法律作为规范群众行为的外在方式，是协调群众社会关系、维护社会公平正义的防范底线。各级党委和政府应协同人民代表大会通过法律、法规的配套建设，对人们获取利益的行为进行约束，并积极宣传各项法律法规，强化群众的边界意识和底线思维，使群众做到法律底线不触碰，以阻断以不合法手段表达不合理诉求或谋取不正当利益的行为发生。

2.建立健全群众利益平等协商机制

平等协商机制是指，利益个体或利益群体在平等的基础上，就利益分歧和矛盾相关问题，依据法律法规进行沟通和协商的行为。群众利益平等协商机制有利于利益关系多方消除误解、化解矛盾、增强理解，同时合理保护利益各方合法权益，重建和谐稳定的利益关系和利益格局，促进社会发展与和谐。建立健全群众利益平等协商机制，要积极完善相关法律法规，为平等协商提供法律依据，确保群众利益平等协商机制长效运行。要积极推广和重视利益平等协商机制在群众利益协调中的重要意义。平等协商能够起到缓冲带的作用，使各方合理表达利益需求，统筹协商利益分配，从而有效化解各方利益矛盾。要构建群众利益协商平台。多方利益群体的利益调节、利益均衡、冲突化解，离不开公平有效的协商平台和协商机制，要依托政府、社会组织、行业协会等，搭建便于群众使用的有效协商平台。

3.建立健全群众利益调节统筹机制

只有切实调节统筹好各利益方的利益关系，才能尽可能地避免和化解利益矛盾，减少社会冲突。建立健全群众利益调节统筹机制，需要综合运用经济、法律、道德、民间等手段调解各利益主体之间的利益纠纷和利益冲突。要发挥市场在资源配置和利益调节中的决定性作用，利用市场机制为各方利益主体创造一个良性的竞争环境，合理调整利益分配格局。要发挥法律法规的稳定性作用。市场经济是契约经济，法律和法规通过规定人们的权利和义务，来约束契约中违反或解除双方利益关系的一方，依法维护社会秩序。要发挥公共政策在分配调节中的作用。党和政府应充分发挥税收、社会保障等公共政策对收入分配的调节作用，缩小城乡、区域和阶层之间的贫富差距，合理调整利益分配格局，为不同利益群体创造良好平等竞争的环境。要发挥社会组织对社会矛盾的调节和缓冲作用。社会组织作为群众利益调节统筹机制中必不可少的一环，既可以有效弥补政府和市场的不足，又可以为社会成员提供政府和市场无法提供的公共服务，还可以代表部分群体表达其自身的利益诉求，作为多方间的缓冲带，避免社会矛盾的产生与激化。

4.建立健全群众利益合理补偿机制

建立健全群众利益合理补偿机制，是指对多方情况充分了解考虑后，为部分利益受损的个人或群体提供一定程度的合理补偿。群众利益合理补偿机制通过一系列科学、合理、完善的补偿模式，以缩小不合理的利益差距，兼顾多方群体利益，合理调整利益分配格局，提高社会公平程度。宏观上的合理补偿机制，包括产业补偿机制、土地补偿机制、拆迁补偿机制、资源补偿机制、生态补偿机制和自然灾害补偿机制等。这些合理补偿机制从宏观上保障了社会的公平，促进了社会的和谐。微观上的合理补偿机制，包括个体在就业、教育、医疗和交通中利益遭遇不公正侵害或意外伤害时，从他人或政府处得到补偿的机制，保证最大限度降低群众利益的受损程度。对部分确实无法满足的个体或群体的利益诉求，应在决策时充分考虑整体利益，综合运用多种手段对各种利益关系进行整合，充分照顾弱势群众利益，合理确定补偿标准，争取各群体的利益最大化，以达到利益整合、互利共赢的局面。建立健全群众利益合理补偿机制，在保障人民群众特别是弱势或特殊群体合法权益，减少利益矛盾的同时，还促进了社会的和谐、稳定与发展。

四、健全群众权益保障机制

1.健全民主权利保障制度

坚持和完善人民代表大会制度，坚持和发展全过程人民民主，完善人大常委会制度建设，促进各级人大代表依法正确行使职权、履行职责，充分发挥人大代表的作用。坚持和完善中国共产党领导的多党合作和政治协商制度，推动政协工作高质量发展，把协商民主贯穿政治协商、民主监督、参政议政的全过程。推进决策的科学化、民主化、法治化，全面推进政务公开，依法保障人民的知情权、参与权、表达权、监督权。扩大党内基层民主带动基层人民民主，保证公民民主权利，完善基层直接民主的制度体系和工作体系。值得注意的是，信访是人民群众行使民主权利的有效形式，是保障人民群众权益的基本手段。完善信访工作各项制度。形成纵向到底、横向到边的信访工作网络，建立权责对应的信访工作制度，将信访纳入法治化轨道并赋予信访工作部门相应的权力。

2.健全权益保障法律体系

维护和保障群众利益是法治社会建设的基本要求，是法治社会建设的重要目的。构建社会利益协调机制，应建立健全群众诉求表达机制、群众利益协调机制和群众权益保障机制的法律渠道，以法律法规的形式确保各阶层、各领域群众的正当权益。面对群众权益保障需求和领域的复杂化、多元化，要坚持科学立法、民主立法、依法立法，加强和改进立法工作，不断提高立法质量和效率，根据实际需求，健全各领域、各行业、各方面法律法规。要扎实推进依法行政，坚持以人民为中心推进法治政府建设，更好地服务人民，保障群众的知情权、监督权和参与权等合法权益。要开展法制宣传教育活动，进一步增强全社会的法律意识，使法律法规真正为群众所理解，引导人民群众依法表达自身各项诉求、依法维护自身合法权益，不断提高人民群众的获得感、幸福感、安全感。

3. 提升政府群众工作效能

群众对自身权益保障的需求和领域日渐多元化，这对政府也是一项考验。政府应提升自身群众工作效能，完善和改进群众工作方式方法，更好地保障群众的合法权益。要促进政府转变职能。进一步削减、调整和规范行政审批事项，最大限度减少制度障碍和制度漏洞。要建立健全责任追究机制。落实各级职能和责任，追究损害群众合法权益的责任和对权益保障不作为的责任，有效保障群众权益。要加强政府机关作风建设。完善领导机关和干部联系群众制度，使其更好地服务群众、实现群众利益。要深入推进反腐倡廉，开展纠正不正之风专项治理。健全权力运行制约和监督机制，严肃查处损害群众合法权益的案件。让人民监督权力，让权力在阳光下运行，确保人民赋予的权力用来服务人民，保护群众利益不受侵害。

五、坚持统筹发展和安全两件大事

1. 深刻认识贯彻总体国家安全观的重大意义

2014年4月15日，习近平总书记在中央国家安全委员会第一次全体会议上，首次提出总体国家安全观。总体国家安全观是党历史上第一个被确立为国家安全工作指导思想的重大战略思想，是习近平新时代中国特色社会主义思想的重要组成部分，是新时代国家安全工作的根本遵循和行动指南。党的二十大报告指出，国家安全是民族复兴的根基，社会稳定是国家强盛的前提。必须坚定不移贯彻总体国家安全观，把维护国家安全贯穿党和国家工作各方面全过程，确保国家安全和社会稳定。

第一，国家安全是民族复兴的根基，社会稳定是国家强盛的前提。贯彻落实总体国家安全观，是实现中华民族伟大复兴的关键举措。进入新时代，我国国家安全形势发生重大变化，面对新挑战新问题，以习近平同志为核心的党中央加强对国家安全工作的集中统一领导，创造性提出总体国家安全观，从全局和战略高度对国家安全作出一系列重大决策部署，开创维护国家安全的崭新局面。习近平总书记强调："实现中华民族伟大复兴的中国梦，保证人民安居乐业，国家安全是头等大事。"进入新时代，国家安全内涵和外延比任何时候都要丰富，时空领域比历史上任何时候都要宽广，内外因素比历史上任何时候都要复杂，国家安全在党和国家工作全局中的重要性日益凸显。总体国家安全观把我们党对国家安全的认识提升到了新的高度和境界，为维护和塑造中国特色国家安全指明了前进方向，为做好新时代国家安全工作提供了根本遵循和行动指南，为建设一个持久和平、普遍安全的世界贡献了中国智慧和中国方案。

第二，坚持统筹发展和安全两件大事。发展和安全是两件大事，是一体之两翼、驱动之双轮。要以发展促安全、以安全促发展，同步推进。习近平总书记强调："统筹发展和安全，增强忧患意识，做到居安思危，是我们党治国理政的一个重大原则。"长期以来，我们党高度重视正确处理改革、发展、稳定关系，把维护国家安全和社会安定作为党和国家的一项基础性工作来抓，创造了社会长期稳定奇迹。党的十八大以来，我们党牢牢把握发展和安全的关系，把安全发展贯穿国家发展各领域全过程，国家安全得到全面加强，经受住了来自政治、经济、意识形态、自然界等方面的风险挑战，为党和国家兴旺发达、长治久安提供了有力保证。新形势下，必须坚持统筹发展和安全，坚持发展和安全并重，推动实现高质量发展和高水平安全的良性互动。要加快构建新发展格局，形成强大的国内经济循环体系和稳固的基本盘，通过发展提升国家安全实力，牢牢守住安全发展这条底线。要深入推进国家安全思路、体制、手段创新，增强在对外开放环境中动态维护国家安全的本领，营造有利于经济社会发展的安全环境，以新安全格局保障新发展格局。

第三，走中国特色国家安全道路。中国特色国家安全道路，是中国特色社会主义道路在国家安全上的具体体现。党的十八大以来，习近平总书记反复强调坚持走中国特色国家安全道路。坚持总体国家安全观，必须坚持国家利益至上，以人民安全为宗旨，以政治安全为根本，以经济安全为基础，以军事科技文化社会安全为保障，以促进国际安全为依托，维护各领域国家安全，推进国家安全体系和能力现代化，走中国特色国家安全道路。总体国家安全观植根于我国丰富的精神文化沃土，体现了深厚的中华文化底蕴。走中国特色国家安全道路，就是坚持党的绝对领导，完善集中统一、高效权威的国家安全工作领导体制，实现政治安全、人民安全、国家利益至上的统一；坚持捍卫国家主权和领土完整，维护边疆、边境、周边安定有序；坚持安全发展，推动高质量发展和高水平安全动态平衡；坚持总体战，统筹传统安全和非传统安全；坚持走和平发展道路，促进自身安全和共同安全相协调。

2. 认真践行新时代总体国家安全观

总体国家安全观是站在坚持和发展中国特色社会主义的战略高度，形成的系统完整的科学理论体系，内涵丰富、博大精深。在当代中国，坚持和发展总体国家安全观，就是真正坚持和发展马克思主义国家安全理论，就是真正坚持和拓展中国特色国家安全道路。

第一，坚持中国共产党的领导。党的领导是中国特色社会主义最本质的特征和最大优势。习近平总书记指出，坚持党对国家安全工作的绝对领导，是新时代国家安全工作的根本政治原则，是做好国家安全工作的根本保证。党的十八届三中全会决定成立中央国家安全委员会，目的就是更好适应我国国家安全面临的新形势新任务，建立集中统一、高效权威的国家安全体制，加强对国家安全工作的领导。坚持总体国家安全观，强调以政治安全为根本，要始终坚持党的领导和中国特色社会主义制度不动摇，把维护制度安全、政权安全放在国家安全的首位。要坚持党中央对国家安全工作的集中统一、高效权威的国家安全领导体制，把党的领导贯穿到国家安全工作各方面全过程，实施更为有力的统领和协调。各级党委（党组）要把思想和行动统一到党中央关于国家安全的大政方针和决策部署上来，聚焦重大部署、重要任务、重点工作，层层抓落实，确保党中央精神落到实处、见到实效。

第二，强化理论武装和思想根基。作为新时代坚持和发展中国特色社会主义的基本方略之一，总体国家安全观运用科学思维来观察安全形势、分析安全问题、谋划安全对策，为做好国家安全工作提供了强有力的方法论指引，具有重大理论意义、历史意义、时代意义和实践意义。总体国家安全观也是习近平新时代中国特色社会主义思想的重要组成部分，是当代中国对世界的重要思想理论贡献。践行新时代总体国家安全观，要结合贯彻落实党的二十大精神，深刻理解总体国家安全观的重大意义、核心要义、精神实质、丰富内涵、实践要求，在思想上政治上行动上同以习近平同志为核心的党中央保持高度一致。要开展生动深刻、入脑入心的教育培训，让各级领导干部更加坚定推动发展和安全深度融合，更加自觉用总体国家安全观指导驾驭国家安全形势、应对风险挑战。要坚持集中性宣传教育与经常性宣传教育相结合，创新内容、方式和载体，引导广大人民群众认真学习贯彻总体国家安全观，增强全民国家安全意识，筑牢维护国家安全的钢铁长城。

第三，建立多领域国家安全体系。总体国家安全观的关键是"总体"，强调做好国家安全工作的系统思维和方法，突出"大安全"理念，涵盖政治、军事、国土、经济、金融、文化、社会、科技、网络、粮食、生态、资源、核、海外利益、太空、深海、极地、生物、人工智能、数据等诸多领域，并随着社会发展不断动态拓展。要做好国家安全工作的系统思维和方法，加强科学统筹，做到统筹发展和安全、统筹开放和安全、统筹传统安全和非传统安全、统筹自身安全和共同安全、统筹维护国家安全和塑造国家安全，着力解决国家安全工作不平衡不充分的问题。要维护重点领域国家安全,将其作为主阵地、主战场,聚焦重点,抓纲带目,统筹推进各重点领域国家安全工作。要完善国家安全战略和国家安全政策,健全国家安全保障体制机制,加强国家安全工作组织协调。切实维护重点领域国家安全,以政治安全为根本统筹推进包括国土安全、经济安全、社会安全、网络安全、生物安全、公共卫生安全和外部安全在内的各项安全工作。

第四,推进国家安全体系和能力现代化。践行新时代总体国家安全观,要健全国家安全体系,强化国家安全工作协调机制,完善国家安全法治体系、战略体系、政策体系、风险监测预警体系、国家应急管理体系;完善重点领域安全保障体系和重要专项协调指挥体系;强化经济、重大基础设施、金融、网络、数据、生物、资源、核、太空、海洋等安全保障体系建设;健全反制裁、反干涉、反"长臂管辖"机制;完善国家安全力量布局,构建全域联动、立体高效的国家安全防护体系。要增强维护国家安全能力,坚定维护国家政权安全、制度安全、意识形态安全,加强重点领域安全能力建设,确保粮食、能源资源、重要产业链供应链安全,加强海外安全保障能力建设,维护我国公民、法人在海外合法权益,维护海洋权益,坚定捍卫国家主权、安全、发展利益。提高防范化解重大风险能力,严密防范系统性安全风险,严厉打击敌对势力渗透、破坏、颠覆、分裂活动。全面加强国家安全教育,提高各级领导干部统筹发展和安全能力,增强全民国家安全意识和素养,筑牢国家安全人民防线。

第六章　城市让人民生活更美好

——关于推进市域社会治理现代化

党的十九届四中全会首次明确提出，市域社会治理是社会治理现代化的切入点和突破口。为什么是市域，而不是省域或县域？因为市域更有优势，而省域发展不平衡的问题相对明显、县域发展不充分的问题相对突出。无论是经济建设现代化、还是社会建设现代化，从城市切入和突破，这是基本经验，也是普遍规律。

一、推进市域社会治理现代化的深远意义

1. 市域社会治理现代化的内涵深刻

市域社会治理中的"市域"强调的是治理范围，即"设市城市"行政管辖的全部地域。市域社会治理就是在"设市城市"行政管辖的全部地域开展的社会治理，既包括在其中心城区内开展的社会治理，也包括在中心城区外围的广域范围内开展的社会治理。需要注意的是，市域是城市区域的概念，而不是城市行政级别的概念。市域社会治理的实施范围包括所有级别的城市。

推进市域社会治理现代化的深远意义

市域社会治理是一种新型的社会治理模式。它以市域为基本单元，整合各级政府、社会组织和公民的力量，构建和谐稳定的城市社会秩序。市域社会治理的目标是提高市域内的社会协调能力、社会服务能力和社会创新能力，促进市域内的经济发展、社会进步和文化繁荣。市域社会治理链接了省域社会治理和县域社会治理，弥补了省域社会治理发展不平衡和县域社会治理发展不充分的问题。

2. 市域社会治理现代化地位独特、优势明显

第一，市域社会治理现代化能够更好地发挥治理空间优势。随着城市化进程的不断推进，城市规模不断扩大，城市空间的治理和管理越来越复杂，需要更加专业的治理手段和管理方式。市域社会治理现代化能够在城市规划、土地利用、交通管理、环境保护等方面提供更加精准、高效的治理服务，从而提高城市管理的水平和效能。

第二，市域社会治理现代化能够更好地发挥治理主体优势。市域社会治理现代化依托于各级政府、社区组织、企业和居民等多个治理主体，形成了协同治理的格局。在治理主体的分工合作下，市域社会治理现代化能够有效整合资源，提高决策执行效率，从而更好地解决社会问题。

第三，市域社会治理现代化能够更好地发挥治理手段优势。在信息化、数字化、智能化等新技术的支持下，市域社会治理现代化的治理手段愈发多样化，能够更加全面、深入地了解社会问题，并能够采取更加精准、科学的手段加以解决。例如，可以通过大数据分析等手段对城市管理中的问题进行精准研判，制定出更加科学的治理方案。

第四，市域社会治理现代化能够更好地发挥治理效能优势。通过解决各种社会问题，增强公共服务能力，提高人民群众的获得感、幸福感和安全感，有利于促进社会和谐稳定，构建活力社会。因此，把推进市域社会治理现代化作为夯实国家治理现代化的基础支撑，对于完善城乡基层治理体系、提高社会治理现代化水平、构建和谐有序的活力社会都有着重大而深远的意义。一是市域社会治理现代化具有解

决社会各方面风险矛盾的资源和能力。城市作为一个复杂的社会体系，面临着许多社会问题和风险矛盾，如疫情防控、社会治安、环境污染等。市域社会治理现代化可以通过整合各方面的资源和能力，建立健全的风险应对机制，有效地解决这些问题和矛盾，保障城市的稳定和安全。二是市域社会治理现代化能够发挥其空间特性和统筹资源的优势，提升基层治理的系统性、整体性、协同性。市域社会治理现代化不仅仅是城市各个层级之间、各个部门之间的协同合作，也是城市与周边乡镇、社区之间的紧密联系。市域社会治理现代化需要在空间范围、治理主体和治理手段等方面进行整合协调，形成有机的治理网络。通过这种网络化的治理模式，可以有效地解决基层治理中存在的"割裂问题"，提升基层治理的整体水平。三是市域社会治理现代化对于引领基层治理现代化建设有着至关重要的作用。一方面，市域社会治理现代化能够弥补基层治理中存在的资源、能力和手段不足的问题，能够有效提升基层治理工作的科学性、精准性、高效性，提高基层治理工作的质量和效益。另一方面，市域社会治理现代化也能够为基层治理提供创新思路和引领方向，为基层治理现代化建设注入新的活力和动力。市域社会治理现代化建设不仅能够提升城市治理水平，还能够为乡村振兴和农村治理提供经验和借鉴。

3. 市域社会治理现代化作用巨大

近年来，随着中国的城市化进程不断加快，城市和乡村的融合也日益紧密，市域社会治理现代化的作用日趋凸显。

第一，有支柱作用。城市治理现代化是国家治理现代化的骨干工程。没有城市治理现代化，就没有国家治理现代化。随着城市化的不断推进，以市域治理现代化为支柱的国家治理现代化大厦将不断高大起来。

第二，有枢纽作用。市域治理对上承担贯彻党中央决策部署的重要责任，对下指导基层一线工作，是推动基层治理的组织者、领导者。抓住了市域治理这个关键环节，就可以起到"一子落而满盘活"的效果。

第三，有平台作用。市域治理是国家治理的"主战区"、大舞台。在市域治理这个平台上，各级各类组织和社会公众可以大显身手，可以更好形成基层社会治理共同体，更好形成共商共治共建共享的社会治理新格局。

第四，有牵引作用。市域治理具有以城带乡的引擎作用。市域作为城市和农村两种社会形态的结合体，是统筹推进城乡一体化的有效载体。把市域作为完整的治理单元，能够充分发挥城市的辐射带动作用，推进城乡一体化、基本公共服务均等化，让治理成效更多、更公平地惠及城乡居民。市域具有以点带面的示范作用。与县域相比，市域治理对象更多样、治理问题更典型、治理体系更完备，需要市域层面加强顶层设计、进行宏观指导。与省域相比，市域直面基层一线，直面社会治理各类问题，需要拿出微观层面的操作方案和具体解决办法。

4.加快推进市域社会治理现代化意义深远

党的十九届四中全会审议通过的《中共中央关于坚持和完善中国

特色社会主义制度、推进国家治理体系和治理能力现代化若干重大问题的决定》明确提出，要加快推进市域社会治理现代化。党的二十大又重申了这个重要要求，意义重大而深远。

第一，有利于提高城乡居民的获得感、幸福感、安全感。市域社会治理现代化能够充分发挥市域内各类主体的参与性、协同性和创造性，有效解决城乡之间的利益冲突和矛盾，促进城乡公共服务均等化、公共资源均衡化、公共政策协同化，提高城乡居民的生活质量和社会福利。

第二，有利于增强基层治理的活力、效率和水平。市域社会治理现代化能够打破传统的行政区划界限，实现基层治理的跨区域协作和整合，优化基层治理的组织结构和运行机制，激发基层治理的自主性和创新性，提高基层治理的适应性和灵活性。

第三，有利于推动城乡一体化的战略、规划和实施。市域社会治理现代化能够建立起以市域为单元的统一战略体系、规划体系和实施体系，实现城乡一体化发展的顶层设计和全面部署，促进城乡一体化发展的协调性和可持续性。

二、加快推进市域社会治理现代化的目标任务

1.深化推进市域社会治理现代化的认识

第一，深化思想认识。要深刻认识推进市域社会治理现代化的重要战略意义，深刻理解市域社会治理现代化在社会治理现代化乃至国

家治理现代化中的重要地位，深刻认识推进社会治理现代化在整体推进"五位一体"总体布局、协调推进"四个全面"战略布局中的重要作用。

北京推进社会治理现代化的做法和经验

第二，推动创新实践。一是健全全域性城乡一体的运行机制。市域社会治理现代化是以整个城市为基本单元，要健全城乡一体的全域性运行机制，关键是在党委领导下，建立统筹兼顾、整体协调的领导体制和工作机制。二是健全全面性整体覆盖的运行机制。市域社会治理是全面性、综合性很强的工作，几乎与各方面、各层级工作都有关，其运行机制要全面覆盖各服务管理的主体和客体。三是健全全程性衔接贯通的运行机制。市域社会治理是全过程治理，其运行机制要从服务管理最初"一米线"落实到"最后一厘米"，一站接一站、一环扣一环相衔接，闭环运行、始终贯通。四是健全全员性共同参与的运行机制。市域社会治理现代化，要着力构建共商共治共建共享以及人人有责、人人尽责、人人参与的运行机制。

2.坚持完善我国市域社会治理现代化制度体系

第一，坚持以人民为中心的发展思想，完善统筹城乡民生保障制度和共建共治共享的社会治理制度。首先，把实现好、维护好、发展好最广大人民的根本利益，作为市域社会治理工作的出发点和落脚点，使市域社会治理成为人人参与的生动实践，真正让人民群众成为市域社会治理的最广参与者、最大受益者、最终评判者；其次，完善市域基本公共服务体系，创新公共服务供给方式，建立整体性、协同性、融合性的城乡民生保障制度;再次,健全市域主体多元、互利、共赢的社会治理机制,实现政府治理和社会调节、居民自治良性互动。

第二,坚持和完善"党委领导、政府负责、民主协商、社会协同、公众参与、法治保障、科技支撑"的社会治理现代化体系。一是坚持和完善党委领导的市域社会治理体制。由市委、市政府成立市域社会治理工作委员会与市域社会治理工作领导小组,协调各方力量,部署重大事项,推进重大改革,明确承担日常工作的部门,协调解决有关事项,形成问题联治、工作联动、平安联创的良好局面。二是健全政府负责的市域社会治理运行体制机制。坚持以系统思维、空间观念推进市域社会治理,着力构建政府各部门之间既各司其职又相互配合的全面系统的市域社会治理运行体制机制,在社会治理领域财政预算、政府购买社会服务、社会公益事业发展、民生项目、城市管理等方面建立全面协调机制。三是构建城乡基层社会治理共同体。着力构建"1+5+N"城乡社区治理现代化体系。"1"是以街道(乡镇)为主导,建立健全区域党建工作委员会和地区社会治理委员会工作机制,加强综合协调。"5"是在社区党组织引领下,推动社区居委会、社会组织(业委会等)、社会企业(物业企业等)、驻地社会单位与社区居民"五社联动"。"N"是综合运用法治、德治、自治、智治等方式,推进基层社会治理创新实践。四是健全程序科学、广泛参与的民主自治制度。加强城乡基层协商民主制度建设,创新协商议事形式和载体,推动协商民主广泛、多层、制度化发展。探索完善社会公众列席乡镇(街道)有关会议制度。推行居民建议、代表提议、小区商议、党委审议、议事会决议、群众评议"六议工作法"。五是完善开放多元、互利共赢的社会协同机制。在市一级建立社会组织公共服务平台，大力发展专业化、支持型、枢纽型品牌社会组织，拓展社会组织参与市域社会治理的空间。支持社会力量创办社会服务机构，探索部分领域事业单位转向社会服务机构发展。探索社区与社会组织、社会工作者、社区志愿者、社会慈善资源的"五社联动"机制。六是健全人尽其责、共建共享的公众参与机制。搭建民情民意收集平台，建立"线上＋线下"民意表达机制，完善诉求办理反馈机制。畅通规范市场主体、新社会阶层、社会工作者和志愿者等参与社会治理途径。完善定期联系、专人负责的服务居民机制。发挥群团组织联系群众的桥梁作用，组织群众参与社会治理。

3. 提高市域社会治理现代化能力水平

第一，提高系统化能力水平。一是加强宏观顶层设计，完善市域社会治理现代化制度体系。二是健全中观运行机制，畅通市域社会治理现代化渠道。三是夯实基层工作基础，推动市域社会治理现代化创新实践。

第二，提高社会化能力水平。一是加强民主协商。按照协商于民、协商为民的要求，建立健全基层协商民主建设协调联动机制，稳步开展多领域、多方面、多渠道的基层协商，尤其是街道（乡镇）、城乡社区、企事业单位和社会组织协商，切实解决群众关心的问题。二是促进社会协同。强化协商共治机制，进一步建立党代表、人大代表和政协委员定期联系群众的长效机制。搭建共建共治平台，完善组织化动员和社会化动员、常态性动员和应急性动员相结合的社会动员体系，吸引社会力量参与。三是搭建共治平台，建立以群团组织、社会组织培育孵化基地（中心）、社会组织协会、社会工作者协会、行业协会、商会等为骨干的市、区（县）、街道（乡镇）三级"枢纽型"社会组织体系。四是动员广泛参与。在党的领导下，加强社会协同、公众参与，推动政府、市场、社会"三维"互动，推进社区、社会组织、社会企业"三社"联动，动员社会工作者、志愿者、社会公众"三者"参与。

第三，提高法治化能力水平。一是法治保障能力。围绕市域社会治理重点领域急需的制度，推动构建市域社会治理法律规范体系。有地方立法权的城市，要积极制定推进市域社会治理的综合性或专项性地方性法规。二是阳光司法能力。加强司法机关和政法队伍建设，推动法治建设数字化转型，加强智慧司法建设，实现司法资源整合和信息共享。三是公共法律服务能力。打造数字化、智能化法律服务平台，创新公共法律服务工作机制，建成覆盖全域、便捷高效、普惠均等的一体化公共法律服务网络。

第四，提高智能化能力水平。一是搭建智能治理平台。将智能治理思维、手段、模式覆盖市域社会治理全过程，打造基于区块链技术的社会治理、城市运营、项目建设的"城市大脑"云平台，构建数据采集、研判、决策、治理一体化智能城市管理新模式。二是构建智能化应用场景治理服务体系。拓展数字化城市管理平台功能，打造政策服务资金等直达基层的暖心应用场景，建设城市数据资源管理体系、城市事件智慧监测体系、行政执法综合管理监督信息系统。三是完善基层治理智慧赋能机制。健全基层智慧治理标准体系，依托社区数字化平台和线下社区服务机构，建设便民惠民智慧服务圈，提供线上线下融合的社区治理及公共服务。

第五，提高专业化能力水平。一是加强社会工作队伍建设。完善社会治理领域干部考核评价机制，将社会工作行政管理人才、行业管理人才、专业机构管理人才和督导人才纳入全市干部教育培训体系。建立一支初级、中级、高级社工师比例合理的社工队伍。二是探索社会工作者分类分级管理办法。探索"社工带义工"的专业社工与志愿者协同服务新模式，推进网格员、人民调解员等队伍与社会工作人才队伍融合发展。选择条件成熟的街道（乡镇）或社区（村）建立社会工作服务站，以政府购买服务方式为社区引进、培养、使用、评价社会工作专业人才。三是优化社区工作者评价考核机制。建立以居民满意度占主要权重的社区工作考核评价机制，改革服务协议签订方式，激励社区工作者担当作为和尽职履约。推动从优秀社区和行政村党组织书记中定向招录公务员和事业编制人员的规范化、科学化。

第六，提高精细化能力水平。一是推进"互联网＋"工程。完善"最多跑一次""马上办、网上办、就近办、一次办"等便民服务措施。建立健全政府购买社会服务的统筹协调机制，完善购买服务指导性目录，有效扩大购买服务的范围和规模。二是深化拓展"网格化"治理。制定并实施"网格化"治理体系专项规划，构筑起纵向到底、横向到边和纵向联动、横向整合的"网格化"治理系统。以居民的公共服务需求为导向，科学合理设置网格员尤其是教育、医疗、看护等功能性网格员。每个网格至少配备1名专职网格员，明确网格员的职能和身份属性，加强网格员尤其是专职网格员的职业培训，完善激励机制，探索建立专职网格员的职业上升通道和所有网格员的薪酬待遇增长机制。三是探索开放社区精细化治理模式。以小区为单位设立居民小组，以楼院为单位产生居民代表，形成居民委员会—居民小组—居民代表上下联动的居民自治组织体系。建立健全基层政府及时回应解决居民委员会反映的居民诉求的工作机制，优化以党群服务中心为基本阵地的社区综合服务设施布局，建立以居民需求为导向的社区综合服务设施功能设置和运行维护工作机制。

4.抓住市域社会治理现代化的主要关键环节

第一，加强市域社会治理组织领导。组织是社会治理的核心，市域社会治理组织领导是市域社会治理现代化的重要支撑。加强市域社会治理组织领导的基本原则，就要坚持党的领导，加强党对市域社会治理的统一指导和协调，完善党委领导、政府负责、社会协同、公众参与、法治保障的市域社会治理工作机制，构建党委统筹、部门协同、基层自治、群众参与、专业服务的市域社会治理组织体系，形成党管总揽、政府主导、社会协作、公众参与的市域社会治理格局。具体而言，加强市域社会治理组织领导，需要建立起科学的领导机制和协调机制，划分清晰的职责和权利，明确各级各部门在市域社会治理中的责任和任务，形成统一指挥、分级负责、协同配合的工作格局。同时，还需要加强对市域社会治理组织的建设和培训，提高市域社会治理组织的管理和服务能力，增强市域社会治理的主动性和创造性。通过加强城市管理队伍建设，提高城市管理人员的素质能力和服务水平，提高城市管理的专业性和效率。还要充分发挥社会组织和群众自治组织的作用，引导和支持他们参与城市管理，构建共建共治共享的社会治理格局。

第二，推动市域社会治理法治建设。建立健全法律法规体系，是保证市域社会治理现代化有效运行的基础。加强市域社会治理法治建设，可以制定更加科学的规则和标准，规范市域社会治理行为，提升治理的透明度和公正性，保障城市管理的合法性、合理性和公正性。要坚持依法治市、依法行政、依法执政，完善市域社会治理相关法律法规，规范市域社会治理行为，保障市域社会治理权利义务，维护市域社会治理秩序，提高市域社会治理效率和公信力。要加强城市管理执法监督，建立健全执法责任制、执法公开制、执法问责制等制度机制，提高执法水平和效果。不断推进城市管理司法保障，加大对城市管理工作领域的司法审查力度等。

第三，创新市域社会治理方法手段。创新市域社会治理方法手段的原则是运用多元化手段解决城市治理问题。这就要求采取行政、经济、法律、教育等多种方式预防和化解城市矛盾纠纷，提高城市问题的解决率和满意度。要坚持以人民为中心，加强对市域社会问题的分析研判，提出科学合理的解决方案，运用大数据、云计算、人工智能等现代信息技术，提升市域社会治理智能化水平，用开放式手段促进城市交流合作，借鉴和引进国内外先进的城市管理经验和模式，增强城市管理的创新性和活力。要通过治理手段方式的不断创新，实现精准施策、精细管理、精准服务，满足人民群众日益增长的美好生活需要。

第七章　基础不牢，地动山摇

——关于加强和创新基层社会治理

20世纪60年代初，浙江省诸暨县（现诸暨市）枫桥镇创造了"依靠群众就地化解矛盾"的经验。1963年，毛泽东主席作出批示在全国推广。2013年，习近平总书记作出指示，强调把"枫桥经验"坚持好发展好，把党的群众路线坚持好贯彻好。基础不牢，地动山摇。社会治理的问题在基层，解决的办法和依靠的力量在基层。加强和创新基层治理，是基础性、根本性、长远性工程，要形成大抓基层的正确导向。

一、坚持和发展新时代"枫桥经验"

1. 坚持和发展新时代"枫桥经验"的重大意义

党的二十大报告强调指出，在社会基层坚持和发展新时代"枫桥经验"，完善正确处理新形势下人民内部矛盾机制。这是从推进中国式社会建设现代化的战略高度提出的一项重大任务，对于坚持和完善共建共治共享的社会治理制度，保持社会稳定、维护国家安全，具有重大的指导意义。社会总是在解决矛盾中不断前进的，早在社会主义建设时期，我们党就深刻阐述了关于正确处理人民内部矛盾的问题，总结推广了"枫桥经验"。随着中国特色社会主义进入新时代，人民内部矛盾出现了许多新情况新问题。我们要正确把握新形势下人民内部矛盾的特点和规律，深刻认识坚持和发展新时代"枫桥经验"、完善正确处理新形势下人民内部矛盾机制的重大意义，切实增强正确处理人民内部矛盾的思想自觉和行动自觉。

第一，在社会基层坚持和发展新时代"枫桥经验"，完善正确处理新形势下人民内部矛盾机制，是满足人民群众美好生活需要的必然要求。进入新时代，我国社会主要矛盾转化为人民日益增长的美好生活需要和不平衡不充分的发展之间的矛盾。人民美好生活需要日益广泛，不仅对物质文化生活提出了更高要求，而且在民主、法治、公平、正义、安全、环境等方面的需求日益增长，对正确处理人民内部矛盾也提出了新的更高要求。只有坚持和发展新时代"枫桥经验"，不断完善正确处理新形势下人民内部矛盾的有效机制，才能满足人民群众对美好生活的向往和期待。

第二，在社会基层坚持和发展新时代"枫桥经验"，完善正确处理新形势下人民内部矛盾机制，是维护"两个大局"的迫切需要。当前，推进中华民族伟大复兴已经进入新阶段，我国已经完成了全面建成小康社会的第一个百年奋斗目标，踏上了全面建设社会主义现代化国家的第二个百年奋斗目标新征程，改革发展稳定的任务十分繁重。当今世界面临百年未有之大变局，国际国内环境发生深刻复杂变化，各种风险挑战明显增多，但人民内部矛盾仍然是影响社会稳定的重要因素。只有社会基层坚持和发展"枫桥经验"，不断完善正确处理新形势下人民内部矛盾的机制，最大限度减少不稳定因素，最大限度增加和谐因素，最大限度激发社会活力，才能有力维护国家改革发展稳定大局。

第三，在社会基层坚持和发展新时代"枫桥经验"，完善正确处理新形势下人民内部矛盾机制，是推进中国式现代化的重要体现。中国式现代化，包括经济、政治、社会、文化、生态等多个领域，每个领域都会涉及正确处理人民内部矛盾的问题。在社会基层坚持和发展新时代"枫桥经验"，完善正确处理新形势下人民内部矛盾机制，不仅是加强国家治理体系现代化建设的重要内容，也是提高国家治理能力现代化的具体要求。只有在社会基层坚持和发展新时代"枫桥经验",完善正确处理新形势下人民内部矛盾机制,才能更好把我国制度优势转化为治理效能,助推国家治理体系和治理能力现代化。

2.坚持和发展新时代"枫桥经验"的基本原则

在社会主义建设和改革开放的伟大实践中,我们党领导人民在正确处理人民内部矛盾方面创造了许多宝贵经验,最为突出的是"枫桥经验"。50多年来,"枫桥经验"不断创新发展,展现出历久弥新的时代魅力。完善正确处理新形势下人民内部矛盾机制,必须坚持和发展"枫桥经验",不断赋予新的时代内涵,使之永葆生机与活力。

第一,坚持党的领导。"枫桥经验"最根本的一条,就是把党的领导落实到基层,使基层党组织充分发挥引领作用,成为防范化解矛盾的"主心骨"。要强化政治引领,健全总揽全局、协调各方的党委领导机制,统筹政府、市场、社会等各方面力量,形成共建共治共享格局。要强化思想引领,坚持以习近平新时代中国特色社会主义思想武装头脑、指导实践、推动工作,引导广大人民群众听党话、跟党走。要强化组织引领,建设以基层党组织为核心、群团组织为纽带、社会组织为依托的基层群众工作体系,把党组织的服务管理触角延伸到基层治理每个方面,凝聚起防范化解人民内部矛盾的强大合力。

第二,坚持人民至上。为了人民、依靠人民是"枫桥经验"永恒的生命线,也是创新发展的基本点。要坚持在发展中保障和改善民生、坚持在共建共治共享中,加强和创新社会治理,不断增强人民群众获得感、幸福感、安全感，让人民群众成为改革发展的最大受益者。要坚持专群结合、群防群治，创新组织群众、发动群众的机制，依靠群众解决群众身边的矛盾问题，让人民群众成为维护稳定的最广参与者。要以人民满意为最根本标准，把我国制度的显著优势更好地转化为基层治理的效能，让人民群众成为社会治理的最终评判者。

第三，坚持综合施策。综合运用多种方式化解矛盾纠纷，是新时代"枫桥经验"的发展方向。要坚持自治、法治、德治、智治相结合，坚持系统治理、依法治理、综合治理、源头治理，把基层社会治理当作系统工程来抓、创新工程来抓、办实事工程来抓。

第四，坚持关口前移。实现"小事不出村、大事不出镇、矛盾不上交"，关键在于关口前移，最大限度把矛盾风险防范化解在基层。要把好"源头关"，做到防范在先。要把好"监测关"，做到发现在早。要把好"管控关"，做到处置在小。要把好"责任关"，做到压力在肩。

第五，坚持重在基层。"枫桥经验"发端于基层，基层基础这一本源始终不能丢。要以推进市域社会治理现代化为引领，健全"街乡吹哨、部门报到"机制，完善城乡社区治理体制，搭建基层治理平台，建设基层治理共同体，夯实基层治理基础。

3.坚持和发展新时代"枫桥经验"的目标任务

基础不牢，地动山摇。社会治理的重心必须向基层下移。在社会基层坚持和发展新时代"枫桥经验"，完善正确处理新形势下人民内部矛盾机制的目标任务是：

第一，畅通和规范群众诉求表达、利益协调、权益保障通道。维护群众利益是正确处理新形势下人民内部矛盾的根本目的，要完善群众诉求表达机制、利益协调机制、权益保障机制。

第二，完善信访制度。信访工作是密切党和政府与群众血肉联系的桥梁纽带，是维护社会和谐稳定的重要源头性、基础性工作。要深入推进信访工作改革创新，积极探索具有中国特色的信访工作新路子。要推进信访工作法治化，切实把信访纳入法治化轨道。推进信访工作信息化，最大限度引导群众通过网上信访反映诉求、解决问题。要推进信访工作科学化，提高信访工作质量、效率和公信力。要推行领导干部特别是市县领导干部每月下基层大接访制度，认真负责地解决信访积案和群众合理合法诉求，最大限度把矛盾问题解决在当地。

第三，完善人民调解、行政调解、司法调解联动工作体系。人民调解、行政调解和司法调解紧密衔接、有机结合的矛盾调处工作机制，是新形势下具有中国特色的非诉讼纠纷解决方式，有利于消除分歧、促进和谐，巩固安定团结的局面。要完善效力对接的制度机制、科学分流的制度机制、资源整合的制度机制，不断提升矛盾调处的工作效能。

第四，健全社会心理服务体系和危机干预机制。加强社会心理服务体系和危机干预机制建设，是适应社会转型的现实需要，也是促进社会和谐稳定的基础性工作。要完善工作体系，形成党委领导、政府负责、部门协同、属地管理、社会参与、家庭尽责的良好局面。要完善工作网络，培育自尊自信、理性平和、积极向上的社会心态。要坚持分类施策，根据特殊人群不同情况，有针对性地加强帮扶救助、心理疏导、法律援助，严防发生个人极端事件。

第五，完善社会矛盾纠纷多元预防调处化解综合机制。针对当前各类矛盾跨界性增强、传导性加快，容易形成矛盾综合体的特点，要坚持系统治理、依法治理、综合治理、源头治理，探索新形势下预防化解矛盾纠纷的方法途径，建立健全有效衔接、协调联动、高效便捷的社会矛盾纠纷预防调处化解综合机制，不断提高从源头上、根本上预防化解人民内部矛盾的能力水平。

二、完善基层治理平台

1. 建党建引领之制

中国共产党领导是中国特色社会主义最本质的特征，是中国特色社会主义制度的最大优势。要把党的领导深入贯彻到社会治理的全过程，在宏观决策和基层社会治理中充分发挥党的政治领导力、思想引领力、群众组织力、社会号召力，充分发挥党的总揽全局、协调各方的领导核心作用，推动基层区域党建、联合党建、党群服务中心等治理实践进一步创新发展。积极探索基层党组织政治引领、组织引领、机制引领的途径和载体，在基层党组织领导下，着力构建公共服务圈、群众自治圈、社会共治圈。

第一，建党建引领"街乡吹哨、部门报到"之制。随着当前经济社会的快速发展，城市化进程加快，许多城市的人口结构发生深刻变化。流动人口增多、人户分离现象突出、老龄化程度加深、空巢老人增多等情况在街道、社区聚集涌现出来，给基层社会治理和公共服务带来很大压力。"两级政府、三级管理、条块专统"管理框架的不适应性在许多中大型城市暴露出来，条块矛盾与冲突成为基层社会治理的突出问题。如何打破各单位、各部门的行政壁垒，加强多方协同，共同参与基层社会治理成为这一时期要解决的体制难题。面对城市化进程中突显的一系列问题，基层街道管理地位由"辅助责任"上升到"主要责任"，街道等基层社会治理单位面临工作缺乏法律依据、责权利不对等、缺少长效统筹机制、街居关系不明晰、街道职责事项内容无限膨胀等问题，严重阻碍了基层社会治理能力现代化的进程。

党建引领"街乡吹哨、部门报到"，是北京市基层干部创造的经验。2017 年，北京市平谷区在解决金海湖镇一起非法盗采金矿引起的矿难事故时，针对"乡镇和部门责任权力不匹配、协同机制不完善"的问题，采取了"乡镇吹哨、部门报到"的做法。后来北京市委将此做法提升为"街乡吹哨、部门报到"在全市推广。2018 年 11 月中旬，习近平总书记主持召开中央全面深化改革委员会第五次会议，审议通过了《"街乡吹哨、部门报到"——北京市推进党建引领基层治理体制机制创新的探索》，对北京市的做法给予充分肯定。此经验做法的创新之处在于：

一是进行了街道职能定位的改革。明确街道党工委是区委的派出机关，负责本地区的党建工作、领导基层社会治理、发挥统揽全局、协调各方的作用；街道办事处是区政府的派出机关，负责辖区社会治理、促进社会共治、维护安全稳定、协调城市管理、营造良好环境、组织公共服务、指导社区建设。有效厘清了街道与市、区部门之间的职能分工和职责关系，避免了上级职能部门的无序委托。改革后的街道明确了六大基本职能，包括：党群工作、平安建设、城市管理、社区建设、民生保障、综合保障，既有政府行政职能，又有联系居民的社会职能，是整体性治理在街道层面的集中体现。

二是组织机构设置的改革。将原有街道办各科室整合为"1+6+N"机构设置模式。如图7—1所示：

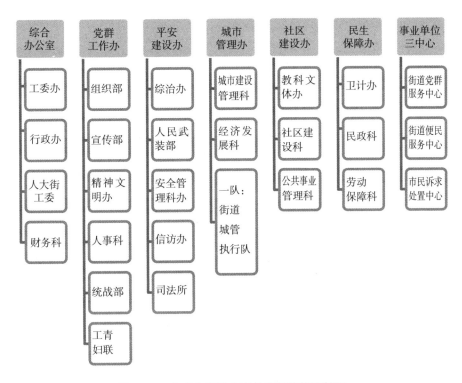

图7—1　北京市街道办事处新机构设置情况

优化双重管理体制，实现"一街一所"，实行以街道管理为主，上级部门进行业务指导的管理体制。有助于厘清原有双重管理的混乱局面，促进职能部门下沉后高效工作；合理配备人员编制，制定街道行政编制、政法专项编制、行政执法专项编制、事业编制配备标准，同时实行街道人员编制总量管理。

三是重塑街道工作流程。实现扁平化管理结构，减少管理层级，增加管理幅度，统筹自上而下的行政任务与自下而上的民意诉求，按事项类型进行不同的反馈处理，属于街道职能范围内的事务，由街道相应部门办理；属于街道职责清单外的事务，迅速反馈给区级职能部门处理；紧急重大且需多方协调的事务，由街道吹哨预警，与各层级职能部门联合执行，最终实现"吹哨—报到"闭环机制。如图7—2所示：

图7—2　北京市"吹哨—报到"闭环机制示意图

总体而言，党建引领"街乡吹哨、部门报到"有效解决了"职责交叉、多头分散、条块分割、管理碎片化"等问题，构建了简约高效的基层管理体制，破解了面向社区、面向群众"最后一公里"问题。形成了共建共治共享的城市治理格局，提高了城市治理社会化水平。

第二，建党建引领"接诉即办"之制。"十二五"时期，北京已规划建设市级非紧急救助服务"12345"电话和互联网应用综合受理调度平台，开通"12345"政务门户网站、互联网在线咨询、诉求受理和监督评价、WebCall 坐席、"百姓知道"、微博、手机报和短信平台。完成全市非紧急救助服务基础数据中心、城市运行电话数据信息采集监测系统、电话数据模型分析展现系统、互联网 Web 电话服务系统建设任务。在此基础上，2019 年 1 月 1 日起"接诉即办"市民热线工作方案正式运行，同年 6 月，完善派单、考核、专项治理、挂账督办、重点问题协调调度等工作机制。同年 10 月，增设企业服务热线，专门接收来自企业的诉求和呼声，最终实现全方位的民有所呼、我有所应。如图 7—3 所示：

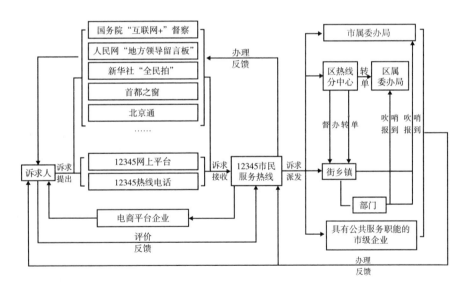

图 7—3　12345 市民"接诉即办"服务流程示意图

党建引领"接诉即办"是在"街乡吹哨、部门报到"的基础上进一步将群众诉求直接转化为"哨声"，将 12345 市民服务热线中受理的群众诉求按管辖范围直接对接至街乡镇，推动"吹哨报到"向全面解决基层群众利益诉求不断深化，实现了问题矛盾及时发现、迅速回应，推进问题解决直达现场、直求结果。与此同时，党员干部也真正实现了从群众中来到群众中去，服务群众的能力得到显著提升，干群关系也得以进一步巩固和加强。

第三，建党建引领"基层自治"之制。接诉即办解决了广大群众许多操心事、烦心事、揪心事，能够做到有求必应、有一办一，但仍带有一定被动性质，而广大群众还有许多问题需要主动治理、前瞻治理、源头治理。鉴于此，北京市委、市政府又进一步提出，要推动接诉即办向主动治理、未诉先办转化。2021 年 9 月颁布实施的《北京市接诉即办工作条例》中将主动治理单独列为一章，提出要聚焦高频次、共性诉求，主动发现问题，解决问题，并针对诉求产生的重点区域和领域要求相关单位和部门展开重点领域治理和区域治理。2021年 11 月北京市委出台《关于推动主动治理未诉先办的指导意见》，将主动治理实践提升为制度化方案，明确了主动治理的三项工作机制、十项工作措施。主动治理的三项工作机制是：坚持"每月一题"解决难点民生问题；坚持专项治理解决重点区域问题；将诉求问题转变为主动治理任务。主动治理的十项工作措施是：推动共建共治共享主动化解基层矛盾问题；加强热线与网络融合及时发现解决问题；开展前瞻治理解决季节性周期性问题；以改革创新举措解决疑难复杂问题；加强分析研判解决新业态新领域问题；加强应急管理及时应对风险性问题；持续优化营商环境解决企业共性问题；加强上下联动协调解决问题；加强公检法司联动协同解决问题；加强央地联动协同解决问题。

2. 走网格化管理之路

所谓网格，通俗地理解就像渔民捕鱼用的"渔网眼"，也可比作学生日常写字用的"田字格"。现实中就是将一定的行政地域区分不同情况，划分出一个个边沿相连的网格状区域，使其更便于政府服务和管理的工作单元。所谓网格化，最初源于信息处理，是指一些图形编辑软件中的一种功能，而将网格化的理念运用于管理则是一个创新，是通过人为地划分出若干个网格单元，采取多种途径手段，合理整合行政体制内外的各种治理资源于网格，细化职能责任，有效利用社会与市场资源，通过管理信息互通共享解决面临的各种问题。

网格化社会服务治理体系主要以现有城乡区域网格单元为基础，以信息技术为支撑，以整合服务管理职能为重点，建立起全覆盖、多网融合、一体运行的工作架构和运行机制。

第一，推动网格化的全覆盖、无缝衔接。即在空间上实现整体区域的全覆盖，时间上实现全天候服务的全覆盖，工作上实现无缝衔接的全覆盖，运行中实现动态化管理的全覆盖。同时，要做到重心下沉，触角延伸。各区特别是街道相关职能部门和社区党组织、居委会、社区服务站等要把工作力量下沉到每一个网格，把工作触角延伸到每一个网格，整合力量，协同联动。通过网格化实现社会服务管理的全面统筹，条块有机结合、纵横互联互动，实现各项职能、社会力量、信息、工作的全方位整合。

第二，推动网格化多网融合。以"格"为基础、以"网"为依托，努力构建一个网络、两级指挥、三级平台和若干网络组成的科学体系。即，一个纵向互联、横向互动、全面覆盖、高效运转的社会服务管理信息化网络，汇"人""地""物""事""组织"于同一网络平台，整合信息、整合职能、整合力量、整合工作；在区县、街道（乡镇）建立两级指挥中心；在区县、街道（乡镇）、社区建立三级工作平台；与全市所有网络相衔接，形成在市委、市政府领导下的全市网格化社会服务管理体系。

第三，推动网格化"一体运行"。网格化"一体运行"是在"多网融合"的基础上改进"信息孤岛"、"数据烟囱"、标准不一等问题。在网格化体系与现代信息技术融合的过程中促进多网互动、群众互动、与外部信息系统实现对接融合，同时要坚决防止"另起炉灶"、重复建设等问题，坚决纠正各行其是、搞"两张皮"现象。其中，实施"网格化+"工程、构建"网格化+"体系是切实可行的途径。推动网格化"一体运行"的本质在于：平台化、信息化、集成化，通过整合、完善、建设等方式搭建起多信息融合、多业务协同、多服务支撑、多方位监测、效能充分发挥的综合服务信息化管理平台，实现全面覆盖、多网融合、统一规范、一体运行。在依托项目开展与关键技术运用的基础上，实现基层科学决策和基层治理能力的提升。

一是实现多信息融合。原有全国微信政务类公众号服务平台已达到14万个，为居民服务的小程序多达3万个。2017年，全国70个大中型城市就有514个政务APP，居民想要办成一件事，就需要下载多个APP、注册多个公众号及小程序。这种信息技术的归口不一造成了极大的信息浪费，没有实现真正的"多网融合"，依然是"多站式"

服务的老路子。而网格化"一体运行"则避免了信息数据的重复采集，避免了人力、物力的重复浪费，也杜绝了"指尖上的形式主义"，实现了信息的统一归口，为统一治理、科学治理夯实了基础。

二是实现多业务协同。基层治理和服务种类繁多，包括公安、综治、城管、社保、民政、信访、司法、工商等许多服务职能部门，传统种类繁多的社会治理服务 APP 让需求者感到流程烦琐、效率低下，而基层社会治理和服务通常需要多部门协同配合，共用数据、联合办公才能提供高效服务。因此，这一网格化"一体运行"实现了多数据融合、多业务跨界协同、信息统一、网格高效，能够确保"民有所呼，我有所应"，当日事、当日清、动态管、处理快。

三是实现多服务支撑。这一网格化"一体运行"可以有效促进多元主体共同参与、共同治理，整合政府、社会、市场等多方资源，实现基层服务精准化，探索可持续运营的服务体系，提供高质量的、具有可操作性的政务便民利民服务，提供有针对性的公共服务，推进共建共治共享新型社区自治建设。

3. 探精细化服务之法

习近平总书记强调，大城市治理要像绣花一样，加强精细化管理。推进基层社会治理现代化，要在精细、精准上下功夫求实效。

第一，推进精准化服务。在网格化之路的发展进程中，社会治理的供需双方被整合在一起。"互联网＋政务服务"的建设促进了许多便民服务措施的形成。如："最多跑一次""马上办、网上办、就近办、一次办""一本、一会、一单"民生工作法、"条专块统"的街道统筹机制等。这些先进的网格化社会服务管理模式，推进了社会服务的精准化，满足了新时期"统筹协调各方利益、人民需求多层次、个性化、社会价值多元化"的社会需求，响应了新时期"人民日益增长的美好生活需要和不平衡不充分的发展之间的矛盾"。一是建立健全政府购买社会服务的统筹协调机制，完善购买服务指导性目录，有效扩大购买服务的范围和规模，让多方社会力量共同参与到社会服务的供给中来。二是深入推进网格化治理，构筑起纵向到底、横向到边和纵向联动、横向整合的网格化治理系统，让网格成为基层社会治理的最基础的单元，不断提升社会服务的精准化。三是坚持以人民为中心的公共服务需求导向，科学提供精准化服务，确保"民有所呼，我有所应"。

第二，推进精细化治理。一是建立健全综合评价指标体系。近年来，许多城市和研究单位都制定了社会治理评价指标体系。例如：2012年北京市委社会工委与上海华夏社会发展研究院合作，制定了一套"中国社会建设综合评价指标体系"，包括社会服务、社会管理、社会动员、社会环境、社会关系、党的建设六个方面若干指标。二是建立健全应急防控制度体系。多年的新冠疫情防控与管理经验告诉我们，警钟长鸣，建立健全应急防控制度体系，在疫情期间进行精细化治理的重要性。三是建立健全"城市体检"制度体系。即要像人们每年定期体检一样，各个城市每年都要提交"城市体检报告"，定期排查城市设施隐患。四是探索开放社区精细化治理模式。以小区为单位设立居民小组，以楼院为单位产生居民代表，形成"居民委员会—居民小组—居民代表"模式的上下联动的居民自治组织体系。建立健全基层政府对居民诉求的及时回应和服务，努力打造开放式、互动式公共空间，完善首问负责、一窗受理、全程代办、服务承诺等制度，提升社区治理精细化水平。

4.推进专业化建设

习近平总书记指出，社会治理是一门科学。要培养造就一大批专业干部和人才，要用专业知识、科学态度、先进理念去服务和治理社会、建设和管理城市。

一是提升专业化能力水平，开展不同类别的常态化培训教育。完善社会工作人才队伍建设体制机制，加大人才培养力度，推动民政民生、卫生、教育、禁毒、司法、社区等领域社会工作专业化的发展。将社会工作行政管理人才、行业管理人才、专业机构管理人才和督导人才纳入全区干部教育培训体系。

二是探索整合不同类别社会工作人才协同发展。探索"社工带义工"模式、整合网格员、人民调解员、社会工作人才融合发展，在条件成熟的街道（乡镇）或社区（村）建立社会工作服务站，推进政府购买为社区引进、培养、使用、评价专业社会工作服务。

三是完善社会工作者考评机制。建立以居民满意度为主的社区工作考评机制，并依据对专业社工服务的考评结果进行择优录用或退出、奖惩、绩效发放，以此激励社会工作者及相关专业服务人员的工作积极性和创造性。从那些尽职履约、优秀能干的社区或村党组织书记中招录公务员和事业编制人员，并使其有据可依，有业绩可循，不断规范化、制度化。

5. 推进规范化建设

经过 70 多年的发展，我国城市基层社会管理体制经历了从"单位制"到"街居制"再到现在的"社区制"的发展过程。社区是社会的细胞，社区生活是社会生活的缩影，越来越多的社会治理和公共服务事项集中到城乡社区，越来越多的居民生产生活需求集中到城乡社区。只有不断强化规范化城乡社区管理和服务功能，规范、及时处理集中在基层社区的问题和矛盾，才能使城乡基层社会保持和谐稳定，为国家的长治久安奠定基础。一是规范职能，合理划分社区党组织、社区居委会和社区服务站的职责任务。二是规范管理，做到有人办事、有地方办事、有经费办事。三是规范程序，使社区服务站与街道各科室、职能站所、一站式办公大厅和社区服务中心实现工作的有机衔接，明确社区服务站各个岗位与街道相关部门的对应关系和各自职责。建立健全社区服务站一口受理制度、首问责任制度、分办落实制度、组织协调制度、投诉处理制度等规范的业务管理制度体系，制定规范的服务流程示意图和工作台账，对受理事项、办理过程、办理时间、办理结果进行动态跟踪，全程监控，保证受理事项及时办理和反馈。

6. 强信息化支撑之力

随着科学技术日新月异发展，许多传统公共服务手段日渐式微，迫切需要用信息化智慧手段破解此类问题，满足人民群众日益增长的对美好生活的需要。

第一，提供智慧便捷的公共服务。目前，我国许多城市通过构建公共服务平台，全面应用信息化手段将公共服务流程网络化，整合信息资源，搭建服务呼叫系统、短信求助服务系统、微信服务平台等多种先进信息化系统，为各类需求居民提供智能、便捷、规范、安全、全面、迅速、放心的一站式智慧便捷公共服务。目前许多城市已逐步建立并开始推广医疗智慧便捷服务、智慧教育服务、安全监控服务、社区居家养老智慧便捷服务、智慧交通服务等几大服务体系，并逐步建立一卡通终端网络建设，形成以人为本的智能化居住生活便民环境。逐步实现社会生活智能化和公共服务智能化，逐步减少不同地区、不同人群、不同经济发展水平之间的公共服务不平衡、不充分的问题。"十四五"时期，信息化进入加快数字化发展、建设数字中国的新阶段。中央网络安全和信息化委员会印发《"十四五"国家信息化规划》，"十四五"期间，人力资源和社会保障信息化工作将坚守为民初心，以服务便民为宗旨，以数字化转型为驱动，紧紧围绕人力资源和社会保障改革发展中心工作，构建以"一卡通"为立足点，以"大平台、大数据、大服务、大安全"为着力点的"一体四翼"发展格局。

第二，建设智慧城市和数字乡村。自2012年第一批智慧城市试点，我国智慧城市建设至今已有十余年历程。2021年12月，国务院印发《"十四五"数字经济发展规划》，首次将智慧城市与数字乡村建设并列提出，要求"统筹推动新型智慧城市和数字乡村建设"。2022年1月，中央网信办等十部门印发《数字乡村发展行动计划（2022—2025年)》，对"十四五"时期数字乡村发展作出部署安排，提出数字基础设施升级、智慧农业创新发展、数字治理能力提升等8大任务与 26 项行动，涉及从自然资源三维立体"一张图"、天空地一体化农业观测网络，到智慧农业、农产品电商发展、农村新业态培育、"互联网 +"数字治理与公共服务等十分丰富的应用场景。2022 年 2 月，中央一号文件《中共中央、国务院关于做好 2022 年全面推进乡村振兴重点工作的意见》发布，对"三农"工作和乡村振兴的年度性工作任务作出安排，除了"大力推进数字乡村建设"的专节论述外，在重要农产品供给、现代农业基础支持、乡村治理等章节也多次提及信息技术的应用。数字乡村已连续五年进入中央一号文件，是切实支撑乡村振兴的重要战略方向。2022 年 3 月 5 日，第十三届全国人大五次会议上，国务院作《政府工作报告》。报告同时提出了"发展智慧城市、数字乡村"，智慧城市与数字乡村在政府工作报告中的同时出现，标志着城乡数字化、智慧化建设进程的持续深入，也标志着城市与乡村的"数智化"建设进入统筹协同阶段。

第三，构筑数字化生活新场景。信息化、智能化在今天已逐步渗透到百姓生活的方方面面，我们已经可以借助高度发达的现代信息技术，通过对信息、知识和资源的最优化整合，构筑数字化生活的新模式和新场景。通过高效的政务、便捷的服务、睿智的管理、宜居的环境让百姓感受到更加智能、宜居、舒适、有序、便捷、幸福的生活。

一是政务高效。居民可以切实享受到"一站式、互动式、高效率"的电子政务在线办事服务，可以及时在相关公众号或政策咨询平台网上查询相关信息；企业可以通过高效的公共服务信息平台享受到高效的行政审批、投资融资服务等。

二是服务便捷。居民可以随时随地享受到方便、快捷、高效、满意的服务，在医疗、就业、供电、供水、供气、供暖、防灾减灾等公共服务领域全部实现信息化、智能化，在吃、住、行、游、购、娱、健等日常生活领域可以随时、随地获得相关服务信息。

三是环境宜居。居民可以在各种休闲、旅游、娱乐场所享受到免费、便利的无线宽带上网环境，在各种灾害面前可以实现防灾设施的智能化预警和感知，让居民拥有更加安全的生活环境，在城市绿化、垃圾处理、噪音、污染等方面可以实现智能化处理和噪音、污染监测，让居民拥有更加健康的生活环境。与此同时，缩小不同地区之间、城乡之间以及不同社会群体之间的信息应用能力和信息化服务水平，实现真正的共建、共治、共享，可以让居民生活在一个更加和谐、友爱、团结、互助的共同体之中。

三、建设基层社会治理共同体

1. 推进社区党建引领"五社联动"

党的二十大报告强调，要"建设人人有责、人人尽责、人人享有的社会治理共同体"。建设基层社会治理共同体，关键是推进党建引领"五社联动"，即：在社区党组织领导下，推动社区居委会、社会组织、社区单位、社会企业、社区居民互联互动、协同治理。

党的二十大报告强调，要增强党组织政治功能和组织功能，坚持大抓基层的鲜明导向，把基层党组织建设成为有效实现党的领导的坚强战斗堡垒，激励党员发挥先锋模范作用。坚持社区党建引领，主要是做好以下几方面工作：

第一，增强政治功能，提升领导力。要发挥基层党组织战斗堡垒作用，切实加强党组织对各类基层组织的政治领导，引导广大党员干部群众把准政治方向，增强政治敏锐性和政治鉴别力。要强化理论武装，激发广大党员发挥先锋模范作用。要加强理想信念教育，坚定信仰信念信心、增强志气骨气底气，共同担负起爱党、为党、兴党、护党的责任，坚持不懈用党的创新理论凝心铸魂，助力社会治理共同体建设。

第二，增强组织功能，提升号召力。习近平总书记指出，党的力量来自组织。党的全面领导、党的全部工作要靠党的坚强组织体系去实现。增强组织功能，就要以提升社会号召力为抓手，更加广泛地团结一切可以团结的力量、调动一切可以调动的积极因素，为实现共建共治共享的社会治理共同体而贡献力量。要推动基层党组织担负起组织群众、宣传群众、凝聚群众、服务群众的职责，广泛开展社会主义核心价值观教育，更好地引领社会思潮、整合社会力量、凝聚社会共识，使党的指导思想成为国家和社会的指导思想，使党的主张转化为人民群众的自觉行动。不仅要把党员组织起来、把人才凝聚起来、把群众动员起来，更要将包括社会组织、社会单位、社会企业等在内的社会力量号召起来，为基层社会治理贡献自身的优势力量，助力社会治理效能提升。

第三，增强服务意识，提升服务力。民心是最大的政治，人民是党执政的最大底气。党章明确把"坚持全心全意为人民服务"作为党的建设必须坚决实现的六项基本要求之一。必须坚持人民至上，把一

切为了人民、紧紧依靠人民、不断造福人民、牢牢植根人民作为根本
出发点和落脚点。党的最大政治优势是密切联系群众，始终把人民放
在心中最高位置，坚持人民主体地位，尊重人民首创精神，完善群众
参与决策机制，架好党心、民心的"连心桥"，做到问需于民、问策
于民、问计于民。要走好群众路线，扎实做好服务群众工作，深入落
实党中央各项惠民政策，真心实意为群众解难事、做实事、办好事。
坚持人民至上，是对党的奋斗历程和实践经验的深刻总结，也是新的
历史条件下对唯物史观的丰富和发展。

2. 促进社会组织积极协同

社会组织是社会建设的重要力量。社会建设现代化需要形成一个
发展有序、管理规范而又充满生机与活力的社会组织体系，需要社会
组织在社会治理共同体中积极协同、发挥优势。

第一，加强管理规范，完善自律自治。加强管理规范和完善自律
自治是社会组织在社会治理共同体中实现效能最大化的基础。规范管
理运行的体制机制，首先要对社会组织按照不同类别进行划分，如按
照生活服务、文体活动、社区事务、公益慈善类等划分，与居民代表
协商，根据不同类别制定不同的社会组织公约和制度规范，加强社区
社会组织的规范化、制度化意识和运行。其次要对所有社会组织进行
分类管理，对规模较小的社会组织由社区备案，对有一定规模但尚未
达到登记条件的社会组织由街道备案，对发展较为成熟的社会组织，
鼓励其依法到区行政审批部门登记注册。最后要推进相关政策条例出
台，制定和完善社会组织运行管理的政策和条例，对登记注册程序、

登记范围、准入门槛、财政资金等相关内容进行明确规定，并依法落地实施。

第二，加强培育扶持，激发参与活力。要设立孵化平台或孵化中心。制定完善的孵化培育、人才引进、资金支持等扶持政策，大力发展社区切实所需以及有益于群众身心健康、全面发展的社区社会组织，提高社会组织的能力水平和创新能力。要加强能力建设和专业培训。对专业人才定期和不定期进行业务培训和实务演练，提升社会组织自身管理水平和服务质量，建立健全内部治理结构和规范运行机制，加强对社会组织工作人员和志愿者的专业技能培训。要发挥模范组织引领作用。通过开展业务指导、资源共享、经验交流等方式，帮助基层社会组织成长壮大，为社会组织提供更加专业化、系统化的培训和支持。激发社区社会组织的参与活力。要形成科学的社会组织发展支持体系，探索建立有效的激励机制。通过不同层面的评优活动和奖励机制激发社区社会组织服务人员开展工作的积极性和主动性，积极引导和支持各类社会组织参与社区治理。要打造独具特色的社区社会组织品牌。增强社区社会组织自主发现居民需求的能力，使其根据切实需求统筹设计服务项目，并通过购买服务等方式，推动养老、教育、心理等专业社会组织参与社区服务工作，切实解决居民群众反映强烈的突出问题。

第三，发挥优势作用，反映群众诉求。要积极发挥出社会组织的优势作用。社会组织是公共服务提供者、社会和谐维护者、群众利益代表者，能够有效地响应和满足群众多样化的需求，促进社会公平正义，增强社会凝聚力。要整合社区资源，丰富居民生活。社区社会组织能够有效整合优化社区资源，培育社会资本，繁荣社区文化，丰富群众生活，在满足社区居民多样化需求的同时，增强居民的认同感和归属感，促进社区和谐发展。要扩大公民参与，促进公共服务。社会组织是反映群众诉求、扩大群众有序参与的基本组织形式。社会组织为基层群众开展社会自治和互助服务，实现政府行政管理和基层群众自治的有效衔接和良性互动。社会组织的非政府性、非营利性、公益性与独立性等特征，决定了社会组织能够成为化解矛盾的润滑剂，能够有效发挥自身优势，减少不和谐因素，维护社会稳定。

3. 激发社会企业发展活力

我国社会企业正在逐渐兴起，成为参与社区治理的新生力量。社会企业是一种区别于传统的非营利性组织和营利性企业的特殊组织形式，既具有商业性，又具有公益性的特征。社会企业不是登记成立的，而是经过认定而入围的。

第一，完善准入机制，健全监督评价。社会企业为社会治理共同体增添活力的基础是完善社会企业准入机制，健全社会企业监督评价机制。完善社会企业的准入机制和监督评价机制，能够更好地实现社会企业的良性运行。首先，要出台相关政策，提供发展保障。从政策层面提供支持保障，大力促进物业、家政、养老等社会企业快速发展。推动社会企业由散养型、单干型向联合型、竞争型转型升级。其次，要鼓励和引导社会企业高质量、规模化发展。提高社会企业相关从业人员的综合素质和职业技能，鼓励和引导社会企业走规模化经营道路，通过制定标准化服务规则，完善准入机制，改善服务质量。再次，要加强对社会企业工作的监督和评价。推动形成社会企业多方评价和联合监管机制，做到事前有服务准则、事中有监督考核、事后有满意评价，建立可操作的评价指标体系，通过监督评价促进社会企业更优发展。

第二，履行社会责任，助力社区和谐。社会企业积极履行社会责任，不仅关系到自身的可持续发展，也关系到社区和全社会的可持续发展。社区社会企业通过组织、资助开展社区活动，能够切实起到跨界沟通融合、密切社群关系、促进社区和谐等作用。首先，要提高社会企业对社会责任重要性的认识。明确社会企业社会责任的理念，将其融入社会企业的核心价值观，将社会责任作为各社会企业文化建设的重要组成部分。其次，要引导社会企业履行社会责任。宣传引导社会企业从合法经营、提供优质服务、保护环境、关爱员工、安全生产等方面切实履行社会责任，将履行社会责任视为社会企业应尽的义务。再次，要鼓励社会企业在社区所需领域积极开展相关业务。强化社会企业的社会责任和公益属性，支持和推动如物业服务等企业向社会企业转型发展，在社区所需领域积极开展相关业务，满足社区居民多元化的服务需求，助力社区和谐发展。

第三，结合企业领域发展社会服务。社区社会企业在性质上是社区服务型企业，目的是整合公共资源、发展社区经济、完善社区服务。社会企业只有不断拓展和提升社会服务，才能增加收入，实现其社会目标和自身可持续发展。首先是结合企业领域盘活社区资源。鼓励社会企业在党建引领下，通过市场行为盘活社区资源，使其在履行社会责任的同时，发挥助力社区和谐发展的最大价值。其次是不断拓展和提升社会服务。社会企业要不断提升自身服务社会的意识和专业能力，为社区和社会提供切实所需的专业化、高质量的社会服务，以实现自身效能。再次是努力履行经济、社会和环境三重责任。社会企业要在做好核心业务的基础上，探索既能够发挥自身核心优势，又能助力相关社会问题解决的共赢路径，同时要走可持续发展道路，在实现自身发展的同时，促进社会发展和保护环境等的多方共赢。

4.动员社会单位服务公益

包括社区内机关、单位、商户等在内的"社区单位"应积极配合和参与社区治理工作，成为社会治理共同体中的重要一环，为构建共建共治共享的现代化社会治理格局贡献自身力量。

第一，依法能动履职，形成常态工作。社区社会单位要坚持依法能动履职，形成助力社会治理的常态化工作机制。其一是强化党建引领。尤其是社区内的机关单位，要充分发挥机关党员干部在社区治理中"走在前、作表率"的模范带头作用，将党组织职能优势转化为社会治理优势，以党建促社建，推进社区治理力量的有效整合。其二是形成社区单位依据政策和法律办事的工作氛围。积极组织社区单位学法用法守法，不断增强法律意识，提高法治观念，坚持法律规则，做到依法履职，不断提高依法办事的能力，养成良好的工作作风。其三是推动社区单位形成志愿服务常态化工作机制。有效整合辖区内志愿服务力量，形成社会单位联动服务机制，汇聚各单位资源，从社区实际出发，为社区和群众办实事、做好事、解难题，努力实现政府治理同社会调解、居民自治良性互动，不断完善共建共治共享的基层治理体系。

第二，划定服务范围，办理为民实事。根据社区各社会单位的职责和优势，划定服务范围，使各社会单位充分发挥自身优势，实现为民服务精准化、社区服务实效化、社区公益常态化，致力于为群众和社区解决急难愁盼的问题。其一是动员各领域专业单位服务社区。积极动员教育、医疗、养老、环保等各领域专业单位参与社区共建服务，推进社区各类志愿服务的专业化、精准化、规范化，提升社区志愿服务质量。其二是形成社区单位为民献策、为民解决的工作机制。通过定期组织座谈会议，不定期组织调查走访等方式，形成社区社会单位相关负责人对社区发展建言献策的工作机制，并鼓励社区社会单位基于所发现的切实需求，充分利用自身资源为社区治理和创新发展增添动力。其三是聚焦群众关心关切的实事展开民意调查和服务工作。整合社区单位各类专业资源，针对与群众相关的议题展开民意调查，根据民意部署安排相关服务工作内容，把解决群众急难愁盼问题作为出发点和落脚点，为社区居民提供有温度的切实服务。

第三，创建共治联盟，助力发展共赢。以党建为抓手，通过与社区单位共建共治，围绕切实需求与问题，充分调动各社区单位参与社区建设的积极性和主动性，形成共治共赢的良好氛围。其一是搭建综合服务治理平台。利用科技化手段，为社区单位参与社区治理提供交流平台，实现社区统筹、多方联动、多元融合、共建共享的工作机制，提高社区治理的精细化和现代化水平。其二是支持引导各单位积极开展合作共建活动。鼓励各社区单位在社区党委的号召和引领下，积极开展合作共建活动，将党建优势与重点工作和社区实际需求相结合，不断提升服务实效，助力社区各项建设等工作，帮助社区完善各项服务功能，解决居民群众实际困难。其三是创建共治联盟，创新共治模式。创建共治联盟，引导社区单位从被动管理到主动治理转变，通过自我管理和相互监督，激活社区单位在社会治理和公共服务中的积极作用，强化社区单位主体责任和意识，构建新型社区共治模式。

5.吸引社区居民积极参与

社区居民是社区治理和社会建设必不可少的参与者。实现"五社联动"提升治理效能，要把社区居民作为社区治理最关键、最重要的主体联动到社区治理共同体中，改变传统治理体系中社区居民这一治理主体的缺位问题。

第一，培养参与意识，提升参与能力。社区居民通过参与社区治理能够更直接地表达自身利益诉求、畅通权益保障渠道，不仅有助于政府职能效用的改变，更能够提升社区凝聚力，提高社区居民参与社会治理的能力和水平，对促进社区和社会的整体发展具有重要作用。使社区居民积极参与到社区治理中，一是要培养社区居民的参与意识。要培育社区居民主动表达真实民意和出谋划策的意识。民意代表着社区居民对某个事件或具体问题的看法和态度，能够形成强大的舆论影响力。培育群众主动表达的意识，能够使其更好地配合社区各项工作，使社区居民积极表达自身诉求，从而在萌芽处妥善治理社区可能产生矛盾纠纷的事件，并为社区治理贡献人民群众的智慧。二是要提升社区居民的参与能力和水平，提升居民在参与治理过程中的综合素质与能力，使社区居民科学合理地为社区各项事务发展贡献一定的力量，从而使政府决策充分体现人民群众的意愿，提高社区治理的效能以及社区治理的科学性和民主性，对促进社区和社会的整体发展起到重要的积极作用。

第二，保障参与权利，丰富参与方式。丰富社区居民对社区事务治理的参与方式，保障其参与权利，是使社区居民为社区治理贡献智慧和力量的基础，是预防矛盾纠纷产生的关键。一是完善相关法律法规。明确社区治理中公民参与的地位、权利与责任，完善相关法律法规中已有的关于居民自我管理和公民参与的相关内容，将涉及公民参与的法律法规体系化、系统化，有效保障居民的参与权利，使社区居民参与社区治理能够有法可依。二是丰富居民参与方式。积极拓宽居民参与社区治理的相关渠道，充分倾听民诉、了解民意、体察民情，健全吸纳民意、汇集民智工作机制，在政府和公众之间搭建沟通渠道，在有效保障群众各项权益的同时，一定程度上促进政府决策的科学化和民主化，从而源头治理和高效化解群众矛盾纠纷，降低社会矛盾和社会纠纷的产生概率，一定程度上提升政府的公信力。

第三，营造参与氛围，动员有序参与。营造良好的社区居民参与社会治理氛围，动员社区居民积极有序参与，能够助力社会治理效能的提升。一是营造良好的参与氛围。广泛利用多种信息平台宣传居民参与社会治理的相关知识与渠道，使社区居民对自身参与社区治理的相关方式和渠道充分了解，熟练使用。同时，提升居民对社会治理的认识，使其充分认识到社会治理与自身生活、环境等息息相关，居民有权力参与社区治理并保护自身合理合法的权益，为社区和社会贡献自身智慧与力量。二是动员有序参与，积极监督。通过网络平台、微信、电视等媒体积极动员居民建言献策，有序参与治理。同时，动员与鼓励社区居民积极行使自身的监督权利，使其积极监督相关主体对社区事务的服务和治理，从而有效规范行政决策行为和各主体治理行为，形成良好的社区治理环境。

第八章　提升社会建设效能

——关于加强社会建设能力现代化建设

毛泽东同志指出，我们的任务是过河，但是没有桥或没有船就不能过。不解决桥或船的问题，过河就是一句空话。党的二十大强调要提升社会治理效能，很有针对性。大力推进中国式社会建设现代化，既要构建科学体系，又要讲究科学方法，既要加强制度体系现代化建设，又要加强能力现代化建设。而且，制度体系确定之后，提高能力水平、认真抓好落实就是决定因素。

一、坚持系统观念

提高系统化能力水平。系统观点是马克思主义的基本观点，系统思维是马克思主义认识和把握世界的基本方式。坚持系统观念，是党的十九届五中全会提出的我国经济社会发展必须遵循的原则。这一原则的提出，把马克思主义基本原理与我国现代化建设实践经验紧密结合起来，阐明了我们党在治国理政上长期坚持的基本思想和工作方法，丰富和发展了马克思主义的系统思想。我们必须坚持系统观念，提高系统化能力水平。

中国式社会建设现代化，是一个崭新的、复杂的、长远的系统工程。党的二十大报告着眼实现中华民族伟大复兴全局，对推进中国式现代化进行了系统设计。其中，关于社会建设工作，整体涵盖了多个重点领域，全面部署了各项工作，更加重视系统化设计、科学性运行和创新性实践，使中国式社会建设现代化站在了新高度。我们要以党的二十大精神为指导，进一步完善中国式社会建设现代化宏观顶层设计、中观运行机制、微观基层基础，做到宏观、中观、微观全视域的规划部署，要更加注重全面性、统筹性、系统性，形成一套思路清晰、理论扎实、政策完善、互联互动、运行有效的社会治理体制机制，提高系统推进中国式社会建设现代化的能力水平。

第一，坚持系统观念，完善宏观顶层设计。一是在"两个一百年"奋斗目标背景下进一步完善顶层设计，坚定以人民为中心的发展思想。二是在"两个大局"背景下进一步完善顶层设计，明确以共建共治共享拓展社会建设新局面的基本思路。三是在实施"十四五"规划和2035年远景目标纲要背景下进一步完善顶层设计，锚定以中国式现代化全面推进中华民族伟大复兴的战略目标，把握时代特征、中国特色、区域特点、规律特性，把社会建设当作根本性、长远性、基础性工作，在整体推进"五位一体"总体布局、"四个全面"战略布局中完善中国式社会建设现代化顶层设计。

第二，坚持系统观念，健全中观运行机制。以市域社会建设现代化为切入点和突破口，着力构建全域性城乡一体的运行机制、全面性整体性覆盖的运行机制、全程性衔接贯通的运行机制、全员性共同参与的运行机制，形成以市域为基础、以城市群为支撑的中国式社会建设现代化新格局。

第三，坚持系统观念，推动基层创新实践。要把推进中国式社会建设现代化当作系统工程抓、创新工程抓、办实事工程抓，努力把我国制度的优势更好地转化为社会建设的效能，让广大人民群众有更多的获得感、幸福感、安全感。一是把握基层特点。因地制宜地明确各地区社会治理的功能定位，呼应时代要求，理顺矛盾挑战，规划目标任务，争取效能提升。在基层实践中要根据自身特点，坚持世界眼光、国际标准、高点定位的要求，努力建设创新型城市，勇于推进社会治理现代化先行先试、率先突破，努力打造具有时代特征、中国特色、基层特点的社会治理体系现代化示范样本。二是实现基层稳步运行。推进国家社会治理现代化的顶层设计与基层各地区先行先试探索有机结合，把以人民为中心的主线、保障和改善民生与创新社会治理的重点落到实处，把坚持社会公平正义、坚持解决好人民群众最关心最直接最现实的利益问题、坚持尽力而为与量力而行相结合、坚持守住底线、坚持共建共治共享、坚持完善制度等原则具体化。

二、讲究科学方法

1.坚持问题导向，抓紧补短板、强弱项、堵漏洞

问题就是时代声音。习近平总书记指出，每个时代总有属于他自己的问题，只要科学地认识、准确地把握、正确地解决这些问题，就能够把我们的社会不断推向前进。坚持问题导向是马克思主义的鲜明观点，回答并指导解决问题是理论的根本任务，人类社会就是在解决问题中前进的。进入新时代，我国社会主要矛盾已经转化为人民日益增长的美好生活需要和不平衡不充分的发展之间的矛盾。我国社会主要矛盾变化带来的新特征，对推进社会治理现代化也提出了新要求。提升社会治理效能，就是要切实解决社会问题、满足人民群众的需求和提高社会发展的质量。因此，

坚持问题导向，抓紧补短板、强弱项、堵漏洞

必须坚持问题导向，增强问题意识，聚焦实践遇到的新问题、改革发展稳定存在的深层次问题、人民群众急难愁盼问题、国际变局中的重大问题、党的建设面临的突出问题，不断提出真正解决问题的新理念新思路新办法。坚持从问题出发，不仅可以及早地发现社会中潜在的风险和问题，及时采取防控和干预措施，还可以从问题中发掘出潜在的机遇和创新点，探索新的解决方案和治理模式，促进社会治理的完善和创新，提高社会治理效能。问题导向关注的是如何有效地发现问题、分析问题、解决问题。

一是要善于发现真问题。只有坚持以人民为中心，才能发现真问题。问题无处不在、无时不有，要紧的是善于发现问题，对重大理论和实践问题，进行深入思考和全面把握，正视问题、直面问题，掌握解决问题的主动。

二是要善于正确分析问题。发现问题是前提，能不能正确分析问题更为关键。要善于找准主要问题，抓主要矛盾和矛盾的主要方面，明确有效破解问题的主攻方向，具体问题具体分析，分清造成问题的各类原因，善于从繁杂的事物中把握事物的规律性，从苗头问题中发现事物的倾向性，从偶然问题中揭示事物的必然性。

2. 坚持需求导向，切实解决人民群众的急难愁盼问题

需求就是迫切任务。人民性是马克思主义的本质属性，马克思主义是来自人民、为了人民、造福人民的理论。一切为了人民、一切依靠人民，始终把人民放在心中最高位置，是新时代党治国理政的鲜明底色。要坚持需求导向，以满足人民群众的需求为中心，紧密结合社

会实际问题，通过深入群众的调查走访，分析实际社会问题的本质和原因，找出解决问题的有效途径和措施，满足群众切实需求，从而提升社会治理效能。以群众需求为导向要充分了解人民群众的意见和需求，践行群众路线。只有深入基层、融入群众，了解人民群众的所需所盼所忧所急，紧紧抓住人民最关心最直接最现实的利益问题，坚持尽力而为、量力而行，深入群众、深入基层，采取更多惠民生、暖民心举措，着力解决好人民群众急难愁盼问题，才能实现好、维护好、发展好最广大人民根本利益。新发展阶段的需求导向，就是要以人民群众的切实需求为指引，健全基本公共服务体系，提高公共服务水平，增强均衡性和可及性，扎实推进共同富裕。就是要问需于民，提高人民群众的参与感与获得感，充分调动人民群众的积极性和创造力，提高社会治理的民主化和科学化水平，并依据需求合理配置各类资源，为社会治理提供新思路新办法，最终提升社会治理效能。

一是要坚持以群众需求为本。要问需于民，广泛开展社情民意调查研究和分析研究，践行以人民为中心发展理念，为政府和民众之间搭建桥梁和纽带，健全吸纳民意、汇集民智的工作机制，更好地满足人民群众多层次、差异化、个性化的需求，在社会建设和社会治理中发挥重要作用。

二是以基层治理为重点。党和国家各项工作最坚实的力量支撑在基层，经济社会发展和民生最突出的矛盾和问题也在基层，满足人民群众的需求重点在于重视基层治理。以需求为导向，要深入基层，听民声、解民忧、化民怨，综合运用多种措施和多种力量，切实解决老百姓在生活中遇到的问题。

3.坚持目标导向，立足当前、面向长远，有计划、有步骤地推进工作任务落实

目标就是前进方向。要坚持中国特色社会主义理论体系，密切联系我国国情实际，建立中国式现代化背景下的社会治理目标，为社会治理提供基本工作遵循和明确目标导向。社会治理中的各项活动和措施都应该与社会的发展目标紧密相连，社会治理不是盲目地进行各种活动，而是具有明确的目的和方向去开展各项工作和实施各类治理措施。以目标为导向，不仅能够更好地适应和引领时代的发展，反映人民群众的真实需求和期望，有利于切实保障人民群众的合法权益，实现人民群众对美好生活的向往，还能够帮助政府、组织和个人制定适当的行动计划和实践决策，实现更优的社会效益，从而推动社会和谐平稳地运行，持续健康地发展。更重要的是，由于目标导向中设定的目标是较为具体、明确和可测量的目标，使目标具有可操作和可测量性，这就使得目标同时也可以是评价的指标，通过建立的目标同时也可以得出科学的评估标准和评估体系，在为社会治理提供具体方向和指引的同时，进行有效的规划和管理，实时评估社会治理的效果和成效，及时发现治理中的偏差和问题，对其加以改进和优化，实现社会治理效能的提升。

一是要设定科学的阶段目标。设定科学的目标是合理规划的前提和基础，党的二十大报告提出了到2035年我国发展的总体目标和未来五年的主要目标，对我国的发展作出了科学谋划，赋予了社会主义

现代化强国新的丰富内涵，对党带领人民为全面建设社会主义现代化国家、全面推进中华民族伟大复兴而团结奋斗具有重要指导意义。设立科学的阶段目标，构建合理的目标任务体系，需要从社会发展的角度出发，考虑社会发展的需要和人民群众的利益，综合考虑包括政策环境、经济发展、资源状况等在内的各种因素，以实现可持续发展与和谐发展。

二是要构建完善的考核指标。坚持目标导向，设定科学合理的阶段目标和总目标，需要注意目标的可操作性和可衡量性，不仅有利于在具体实施过程中依据目标进行切实可行的操作，更有利于在规划实施过程中对实施过程和结果进行监测和评估，避免实施方向和结果的偏离。坚持目标导向，要根据阶段性目标，设立一套符合科学规律和客观实际的可量化考核指标，确保能够依据考核指标对实施过程和实施结果进行监督评估，使之成为活的、有用有效的度量衡。对考核指标中的短板项目和与目标偏离的项目，要积极加强推进、不断矫正发展道路，只有这样的目标导向，才能促进产生内生动力、形成外部工作合力，才是可持续且助力发展的导向。

4.坚持创新导向，用改革创新的办法解决新问题

创新才有发展动力。以创新为导向，就是要坚持不断推进理论创新、实践创新、制度创新、文化创新以及其他各方面创新，紧跟时代步伐，顺应实践发展，不断拓展对新生事物认识的广度和深度。而创新思维是创新的前提，是实现社会建设创新的基础。随着经济、社会和科技的新发展与新变化，越来越凸显出创新思维的重要作用。创新

思维是指在思考问题和解决问题时不是一味地依赖过去的经验和教条，而是能够勇于探索、开辟新境，采用新的思路、新的方法和新的视角，找到新的机会和新的解决方案，推动社会的不断进步和发展。加强和创新社会治理，关键在体制创新，要以创新思维为基础创新建立更加适应新发展阶段需求的社会治理的体制机制，并探索创新数字化、智能化、网络化等新型社会治理的方式和工具，更好地解决社会实践中出现的各类新问题。以创新为导向需要注意的是，要坚持守正和创新相统一，在守正中创新，在创新中发展，勇于坚持真理、修正错误，勇于求变、求新、求进，在新的实践中推进理论创新，以新的理论指导新的实践。

一是要激发创新活力。激发创新活力是内生需求，以创新为导向，要坚持创新发展理念，加强创新人才培养，推进创新环境营造，持续激发创新动力，不断释放创造活力。要着眼国家和民族长远发展大计，坚持人才引领驱动，深入实施人才强国战略，培养造就大批德才兼备、有创新思维的高素质人才，为加快建设世界重要人才中心和创新高地创造有利条件，为加强和创新社会治理和社会建设创造支撑条件。激发社会治理各主体的创新活力，尤其是充分发挥人民群众的首创精神，使全社会的创新能量充分释放、创新活动蓬勃开展，最大限度增强社会发展活力，确保社会既充满生机活力又保持安定有序，以各主体的创新智慧解决新发展阶段社会治理面临的新情况、新问题。

二是要推进创新实践。要走中国特色创新道路，推进创新实践发展。改革创新就是前进的动力，创新实践要具有开拓性。要切实提高与时俱进、积极探索、创新实践的能力和水平。党的十八大以来，中国社会建设实践创新取得了显著进展。在宏观社会建设、中观层面的市域社会治理、微观基层治理等各个方面都取得了新的突破和进展，这些发展和进步离不开创新导向的引领，离不开创新实践的推进。社会治理重心在基层，要在基层实践中坚持创新导向，有先行先试、率先突破的动力。要努力打造具有时代特征、中国特色、区域特点的可复制和可推广的社会治理体系现代化示范样本，以样本促进创新实践蓬勃发展，依据自身特色，推出系列改革创新举措，积极进行创新实践。

5.坚持效能导向，推动高质量发展

坚持效能导向，把我国制度显著优势、把中央最新精神更好地、及时地转化为社会治理的效能，逐步实现社会治理结构的合理化、治理方式的科学化、治理过程的民主化，有力推进国家治理现代化进程。效能是指事物所具有的潜在影响力和改变其他事物的能力，也包括其产生的其他积极效果。效能导向则以实现最大效益为目标，注重对工作目标、过程、结果的评估和反馈，通过不断优化流程、提高效率、优化资源配置等手段，提高工作效率和成果。坚持效能导向，要通过制定合理的管理制度和激励机制，提高各主体工作积极性和创造力，优化工作流程和资源配置。要增强政府部门的责任意识和工作效率，推动政府服务的数字化、智能化和标准化，提高政策执行力和服务水平，满足人民群众对政府服务

坚持效能导向，推动高质量发展

的需求和期待。要提高基层组织的工作效率和能力，促进基层治理的科学化和精细化，推动社区自治和居民自治，提高社会安全和稳定，满足人民群众的安全感和幸福感。

一是发挥制度优势。新发展阶段，加强和创新社会治理，持续推进社会建设工作，要认真学习贯彻党的十八大以来关于社会治理的有关精神，把党的领导和中国特色社会主义制度的显著优势更好地转化为社会治理和社会建设的效能。理论是行动的指南，理论体系建设至关重要。构建新时代中国特色社会主义社会治理理论体系，要坚持以习近平总书记关于社会建设的重要论述和党的十九届四中全会精神为遵循，以我国根本制度为核心，以我国社会治理基本制度为基础。社会建设重在实践和落实，要尊重发展规律，立足我国社会主义初级阶段的国情和不同的区域特点、不同的发展阶段，把"坚持党的领导、人民当家作主与依法治国有机统一"的根本制度体现在各个方面，把共建共治共享的社会治理制度落到实处，不断提高能力水平。

二是注重效能优化。要以最广大人民根本利益为坐标，提质量、强督导。民生是人民幸福之基、社会和谐之本，增进民生福祉是我们党坚持立党为公、执政为民的本质要求，提升各项治理工作的质量，加强对治理工作过程和结果的督导。能否满足人民群众对美好生活的向往，是考验各级政府治理效能的根本标准。新形势下，要进一步加强和创新社会治理，积极化解社会矛盾，更好维护社会稳定，把专项治理和系统治理、综合治理、依法治理、源头治理结合起来，坚定不移走中国特色社会主义治理之路，注重效能优化，建设人人有责、人人尽责、人人享有的社会治理共同体。

三是进行科学评价。习近平总书记多次强调，社会治理是一门科学。推进中国式社会建设现代化，要研究制定一套可量化、能评价的指标体系。早在 2011 年北京市委社会工委与有关科研机构就研究制定了一套综合评价指标体系（参见表 8—1）。这套综合评价指标体系，包括社会服务、社会治理、社会动员、社会环境、社会关系和党的建设 6 个方面、28 项核心指标。这个指标体系，经市委常委会和市政府常务会研究通过，先后被列入北京市"十二五""十三五""十四五"时期社会建设（社会治理）规划。在 28 个核心指标下，还研究制定了若干项二级、三级指标。按照这个指标体系，采用各级政府官方统计数据，每年对北京市 16 区、全国 31 个省（自治区、直辖市）等进行测评和比较研究，并形成一部《中国社会建设报告》蓝皮书，为加强社会建设提供了有益参考借鉴。北京这个经验值得总结推广。

表 8—1　北京市"十三五"时期社会建设主要发展指标

类别	序号	指标	目标	属性
社会服务	1	城市社会"一刻钟社区服务圈"覆盖率（%）	99.99	预期性
	2	每百户居民社区公共服务配套设施面积（平方米）	30	预期性
	3	城市社区服务管理用房面积达标率（%）	100	预期性
	4	公共文化设施覆盖率（%）	99.99	预期性
	5	每千名户籍老人养老机构床位数（张）	40	预期性
	6	人均期望寿命（岁）	> 82.4	预期性
	7	五项社会保险基金收缴率（%）	≥ 98	约束性
	8	学前三年毛入园率（%）	95	预期性
	9	义务教育毛入学率（%）	≥ 100	预期性
社会治理	10	城六区常住人口比 2014 年下降（%）	15	约束性
	11	城市服务管理网格化体系覆盖率（%）	99.99	约束性

续表

类别	序号	指标	目标	属性
社会治理	12	单位地区生产总值生产安全事故死亡率降低（%）	20	预期性
	13	社区工作者持社会工作职业水平证书的比例（%）	50	预期性
社会动员	14	每万人常住人口拥有社会组织（个）	25	预期性
	15	基层自治组织选举居（村）民参与率（%）	90	约束性
	16	老旧小区自我服务管理覆盖率（%）	99.99	预期性
	17	实名注册志愿者人数占全市常住人口的比例（%）	20	预期性
社会环境	18	中心城绿色出行比例（%）	75	预期性
	19	重点食品安全监测抽检合格率（%）	>98	约束性
	20	药品抽验合格率（%）	>99	约束性
	21	群众安全感指数（%）	≥90	预期性
社会关系	22	市民公共行为文明指数	85	预期性
	23	城镇登记失业率（%）	<4	预期性
	24	企业集体合同签订率（%）	≥80	预期性
党的建设	25	社区党组织覆盖率（%）	100	预期性
	26	"枢纽型"社会组织联合党组织覆盖率（%）	100	预期性
	27	规模以上非公有制企业党组织覆盖率（%）	100	预期性
	28	商务楼宇党群工作站覆盖率（%）	100	预期性

三、提高能力水平

1. 提高社会化能力水平

社会化程度越高，社会治理的自发性和民主性就越高，社会力量在社会治理中的参与作用就越能被充分发挥和利用。社会化能力是指社会成员通过自愿行动、协作互助、组织管理等方式，参与社会生产、生活、管理和调节的能力和水平。社会治理中增强社会化程度，提升社会化能力水平可以理解为，充分激发社会力量在社会治理中的能动作用，持续推进共建共治共享，形成政府主导、市场调节、社会协同、公众参与的多元主体协同治理格局。增强社会化程度，一是能够有效提升社会运行能力，促进社会资源的高效配置和利用，增强社会创新和应对风险的能力，促进社会和谐稳定。二是能够促进民主决策和民主治理，提高政府决策的透明度和公正性。社会力量参与社会治理，能够促进其深入了解政策和措施的制定过程，并对政府的决策提出建设性的意见和建议。不仅促进了民主决策和民主治理，提高了政府决策的透明度和公正性，还有助于社会问题的解决。三是能够加强社会自组织和社会自治能力，在帮助政府更好地了解社会需要和诉求的同时，从切实需求角度推动政策的进一步改进和完善，缓解政府治理压力，提升社会治理体系和治理能力现代化。四是能够充分调动广大人民群众的积极性、主动性、创造性，广泛动员社会治理的主体力量，充分激发社会活力，形成共建共治共享的社会治理格局。五是能够促进社会的凝聚力和认同感。当社会力量主动参与社会事务和公共事务时，各主体因关注共同的社会问题和公共利益，则会形成紧密的社会联系和共同体意识，从而提高社会的参与度和认同感，增强社会的凝聚力和向心力。

第一，动员人民群众。公众参与是民主社会的基石。增强社会化程度，首先要积极动员人民群众，使其充分参与到社会治理当中去。一是要建立健全公众参与的制度机制。制定完善相关法律法规，明确公众参与的主体、范围、方式、程序等规则，保障公众参与的合法权益。建立有效的沟通协调平台，加强政府与公众之间的信息交流和意见征询。推进政务透明化、便民化、智能化，提供更多便捷高效的服务渠道。二是要提高公众参与的能力和水平。提升公众参与的能力和水平，应增强公众参与的意识教育，培养公民自觉履行社会责任、积极投身社会治理的观念。同时，进一步激发公众的积极性、主动性和创造性，增强公众的责任感和归属感，从而提升社会治理效能。三是将公众参与的事件和结果进行定期反馈和总结宣传。充分利用现代信息技术手段，如互联网、大数据、人工智能等，拓宽公众获取信息、表达诉求等参与社会治理的渠道，并定期对公众参与的事件进行实时反馈，对被采纳意见的公众或是积极参与的公众进行相应的鼓励和表彰，对具有代表性的案例和优秀案例进行总结宣传与推广，形成一定的示范带动效应。

第二，调动社会主体。除社会公众外，要积极调动包括社会组织、社会企业、社会单位等在内的社会主体，在政府的引导和支持下增强各主体社会化程度，使其充分发挥自身优势广泛参与社会治理。一是拓宽社会主体参与渠道。明晰各类社会主体参与社会治理的各种方式和渠道，并鼓励引导其积极参与到社会事务的服务和治理中，从不同视角和领域促进社会的和谐发展，从而提升社会治理的效能。二是激发社会主体参与优势。制定相应政策，充分激发社会主体的积极性、主动性和创造性，充分发挥社会主体机制更为灵活和资源更加多元的优势，使其在一定程度上填补政府无法或未能涉及的治理领域，从而更好地响应社会问题，满足社会需求。三是组织社会主体参与培训。加强对社会组织、社会企业、社会单位等非政府主体参与社会治理的引导与培训，在对其参与社会治理的意识和能力水平进行提升的基础上，增强其服务民生、服务社会的意识，鼓励其承担更多的社会责任、发挥更大的社会作用。

第三，激发社会活力。增强社会化程度就是要提高社会治理的自发性和民主性，充分激发出社会的活力，推动形成共建共治共享的社会治理格局。一是促进资源的共享和链接。搭建资源共享和连接平台，使不同社会治理主体之间建立联系，有效整合各主体的多方资源，实现资源的最优配置，提升社会治理的效能，助力各主体的协同高效发展。二是激发主体创新和发展活力。鼓励支持不同社会治理主体间积极开展技术共享、跨界合作、共同研发等活动，通过交流合作，推动社会治理创新和发展，优化社会治理的方式，提升社会治理的效能。三是完善主体间协作机制。推动不同治理主体间的协同和合作，加强市场主体与政府之间的协同配合，加强与驻地单位的沟通协调，提升对社区企业的重视程度，搭建起各主体高效协同、有序工作的桥梁，从而形成共建共治共享的社会治理格局。

2. 提高法治化能力水平

法治社会是构筑法治国家的基础，法治社会建设是实现国家治理体系和治理能力现代化的重要组成部分。而社会治理法治化是法治社会建设的应有之义，是社会治理现代化的重要方面，是中国式社会建设现代化的重要标志之一。党的十八大以来，以习近平同志为核心的党中央十分重视社会治理法治化建设，社会治理法治化水平不断提升。建设法治社会是法治国家和法治政府建设的基础。法治化社会可以理解为是信仰法治、公平正义、保障权利、守法诚信、充满活力、和谐有序的社会主义法治社会。在法治化社会中，法治是社会的共识和基本的准则，法治思维和法治方式是常态化的思维方式。建设法治化社会，在社会治理层面就是要切实把依法治理贯穿于社会治理全过程。要全面提升社会治理法治化水平，依法维护社会秩序、解决社会问题、协调利益关系、推动社会事业发展，扎实推进依法行政、严格推行司法公正，培育全社会办事依法、遇事找法、解决问题用法、化解矛盾靠法的法治环境，建设人人有责、人人尽责、人人享有的社会治理共同体，确保社会治理过程人民参与、成效人民评判、成果人民共享。

第一，推动领域立法。党的二十大报告指出，推进多层次多领域依法治理，提升社会治理法治化水平。加快推进社会治理领域立法，是坚定不移走中国特色社会主义法治道路的重要内容，也是为全面建设社会主义现代化国家提供有力法治保障的必然要求。社会治理领域立法，涉及人民群众的切身利益和社会稳定和谐，关乎国家长治久安和民族复兴大业。一是要以法治体系建设为抓手，加快建立健全社会领域法律制度，完善多层次多领域社会规范，强化道德规范建设，深入推进诚信建设制度化，以良法促进社会建设和社会治理，保障社会实现善治。二是要坚持依法立法、民主立法、科学立法。法律是人类经验和价值的提炼总结，要通过合理立法程序适当引领主流价值观，预防因各方认识分歧而引发的社会矛盾，通过立法凝聚社会共识。三是要对重点领域进行立法。要立足中国特色，重点加强对教育、医疗、住房、养老、社会保障等与人民群众息息相关领域的治理，着力解决人民群众急难愁盼问题。同时，注意克服不同领域立法碎片化、地方化、部门化的现象。

第二，强化法治思维。强化法治思维，就是要使法治思维在社会建设、社会治理和社会风险防范中的地位显著提升，在解决涉及群众切身利益的矛盾和问题的工作中强化法治思维和法治方式，实现自治、法治、德治相结合，显著提升基层社会治理效能。一是要培育相关工作人员和主体的法治精神、法治素养、法治习惯，形成社会良好法治环境和法治生态，在行政决策和风险化解时，注重法治逻辑和思维。二是要广泛科学普法，大力推进全民守法。法治宣传教育是建设法治社会的重要保障，要深入宣传以宪法为核心的中国特色社会主义法律体系，广泛宣传与经济社会发展和人民群众利益密切相关的法律法规。引导全社会尊重司法裁判，维护司法权威，树立正确的法治观。三是营造法治环境氛围。要加强法治精神和法治理念的知识科普与宣传教育工作，与时俱进地进行法治宣传教育，打造人民群众"熟悉的法律"，增强人民群众对法律的心理认同。

第三，强化依法治理。习近平总书记指出，人类社会发展的事实证明，依法治理是最可靠、最稳定的治理。强化依法治理，要培育全社会办事依法、遇事找法、解决问题用法、化解矛盾靠法的法治环境。一是坚持党建引领。党建引领是依法治理的重要法宝。要善于把遵循党的执政规律与基层治理规律相结合，建立健全基层法治工作机制，加强基层法治工作力量，提升基层治理法治化水平，推动基层依法治理制度化、规范化。二是规范决策程序。要通过多种方式，落实群众的知情权、参与权、监督权等。使政府决策充分体现人民群众的意愿，并接受人民群众的监督，全面落实公众参与、专业咨询、专家论证、风险评估、合法性审查和集体讨论决定等法定程序和具体要求，以确保重大行政决策结果科学、公正、合法。三是完善监督制度。要加大对重大行政决策程序制度落实情况的督察力度，积极动员社会力量全过程监督与参与，健全责任追究制度，明确责任主体、责任范围、责任种类等，从而有效规范行政决策行为。

3. 提高智能化能力水平

用好智能化手段对于社会治理能力现代化具有重要的时代意义。以科技支撑社会治理，将现代化科学技术及新媒体等方式在社会治理各个环节中广泛运用，通过科技优势，持续提升社会治理效能。提高社会治理智能化水平是指，充分利用现代信息技术手段，实现对基层公共事务的全方位感知、分析、决策和反馈，提高基层治理精准性和有效性。以科技为支撑的社会治理工作平台与数据中心建设，实现了对社会治理相关资源和工作的动态监测，对数据的有效使用和管理，以高效治理为目标的信息资源共享与分析，一定程度上节省了治理的资源消耗，提升了工作的综合效率与效能。同时，能够高效链接各方资源，协调各方职能，扩宽了服务覆盖面及覆盖群体，打破了诉求表达、协商沟通等工作的时空界限。社会治理提高智能化水平，具体来说可以理解为是要加快推进智慧城市建设和智慧政府建设，把"互联网＋"、大数据、云计算、物联网等现代信息技术广泛运用到社会建设和社会治理的实际工作中去，推动社会治理的数字化和智能化进程。使智能化数字治理场景成为政务服务的新形态，也是未来我国数字政府发展的基本趋势，在公共服务、社会治理、科学决策、要素配置、经济发展等方面都发挥更加重要的作用，最终提升社会建设和社会治理现代化水平和效能。

第一，搭建智能平台。大数据技术支撑服务管理平台是指利用大数据技术和应用，实现政务数据的统筹管理、共享开放、安全保障和创新利用，为社会治理提供高效便捷的数字化服务的平台。搭建大数据技术支撑服务管理平台可以实现数据资源的有效管理、分析和应用，提高数据智能水平，优化社会治理效能。一是鼓励引导各主体入驻智能化治理平台。鼓励引导政府、企业、公众等多方主体以不同形式入驻平台，可以通过以大数据技术为支撑的服务管理平台，对社会各领域、各层面、各主体实现动态监测、分析和预警，及时发现问题和解决问题，维护社会稳定和民生福祉。二是健全平台主体协同创新机制。各治理主体可以在以大数据技术为支撑的服务管理平台内高效协同、有序链接地进行治理工作，激发市场活力和民间智慧，实现协同创新，培育新业态、新模式、新动能。三是兼顾广泛治理和精细治理。社会治理应以科技为支撑，整合资源，扩宽治理覆盖面与治理群体，同时兼顾精细化服务，形成纵向到底、横向到边的治理机制。注重线上治理的专业性和精细化，在科技的辅助下，准确对治理问题进行分类，有针对性地采取相应措施，实行精细化治理。

第二，实现智慧治理。有效利用科技优势，将 AI、大数据等技术与社会治理相结合，以科技支撑创新智能化社会治理机制，能够有效避免传统治理形式单一、成本过高、供需不平衡等问题。一是宣传智能化治理平台，普及智能化治理方式。为切实提升社会治理的智能化水平，应在社会治理全过程贯彻智能治理思维、手段和模式。引导各治理主体使用智能化治理平台开展工作，向社会大众积极宣传智能化社会治理平台的功能和使用方法。二是实现数字转型，建设智慧城市。要打造集社会治理、城市运营、项目建设于一体的"城市大脑"云平台，搭建采集、研判、决策、治理一体化的智能城市管理新模式，对城市的各领域、多方面进行智能感知和分析，从而实现城市数字化转型的可持续发展。三是构建推广智能化应用场景治理体系。拓展数字化城市治理平台功能，拓展多层、多维、多方的应用场景，实现对城市综合治理的实时感知、瞬时响应、智能分析、辅助决策，推动智慧社区、智慧城市、数字社会建设全面覆盖、高效运行。

第三，健全制度规范。随着信息技术的迅猛发展，智能化场景的应用已经深入到人们的生活、工作和学习当中，使人们的行为和交往方式发生了深刻变化，使社会秩序和社会治理也面临着新的挑战，建立智能化社会治理的制度规范成为当务之急。健全制度规范，可以更好地应对智能化带来的一系列挑战，维护智慧社区、智慧城市、数字社会的秩序和稳定。一是建立健全相关法律法规，规范大数据分析监管。推进出台具有法律约束力的大数据操作使用伦理规范和相关法律法规，完善数据安全、数据开放、数据共享、数据利用等方面的法律法规和标准规范，约束大数据收集和使用的全过程，强化监督执法和问责机制。二是规范数据平台相关工作人员的行为，强化其责任意识。引导数据平台相关工作人员在恪守现有法律法规的基础上，自觉约束和规范自身行为，以保护个人隐私信息为基本准则，保障公民的数据权益。三是强化对智能化平台的管控监督以及安全保护。要确保使用智能化平台相关服务的各主体隐私安全，防止平台和企业在利益驱动下利用相关信息和数据从事违法或损害国家与公众利益的活动。同时，加强对智能化平台数据的安全保护，构建动态监测、主动防御的网络安全体系，确保应用和数据的安全性。

4. 提高专业化能力水平

社会治理的现代化发展，离不开专业人才队伍的建设。只有解决了"谁来做"的问题，才能切实推进专业指导在社会治理中发挥实际效能。提高专业化水平，就是要加强社会治理的专业化和科学化，用科学态度、专业知识、先进经验去服务和治理社会、建设和管理城市，最终提升社会治理能力现代化。而专业化队伍的建设是专业化水平提升的基础，专业化队伍应是一支具有专业精神、专业素养、专业能力、专业作风的忠诚干净担当的高素质专业化队伍。在社会治理层面，专业化队伍建设需要专业力量的指导和人才建设的支撑。专业力量的指导是指科学理论的指导和专业人士的指导，能够做到科学运用社会学、管理学、心理学等学科参与社会治理现代化进程，服务于社会治理理论探讨和实践工作。人才建设的支撑是指健全相关人才的科学培养体系，增强相关人员的专业背景，同时对专业专职人员以外的志愿者等直接服务于公众工作生活的人员进行专业培训，以提升社会治理的专业化水平。要建设依靠专业指导、具有专业知识和能力且实践经验丰富的高素质专业化队伍，充分发挥专业队伍和各方人才的积极作用，为社会治理水平和治理能力现代化提供人才支撑。

第一，运用专业知识。社会治理专业化队伍，要根据自身岗位职责和专业特点，积极学习先进理念、先进经验，广泛学习相关知识。一是深化理论研究。要不断推进社会治理、社会建设领域的相关研究，深入剖析社会治理中出现的一系列问题和挑战、经验与成果，最终指导实践助力于社会治理的更优发展。二是注重培养跨领域、跨专业的多学科人才。社会治理所面临的问题复杂多样，对其的全面认识与系统解决，需要学习多学科的专业理论知识，充分借鉴各领域的先进经验和做法，实现优势互补，提升治理质量。三是广泛开展专业知识培训学习。使参与治理的各主体和工作人员在工作中坚持不断拓宽知识面和视野，学习工作所需的先进理念，以先进思维开展社会治理工作。

第二，提升专业能力。专业化队伍的能力不只是行政管理能力，还包括各项综合能力、服务社会的能力以及治理所需的能力。一是提升相关政策学习理解的专业能力。要加强政策学习，提高专业素养，掌握新发展阶段、新发展理念、新发展格局的内涵和要求，熟悉掌握国家和地方的各项政策法规，提高运用科学方法分析解决问题的能力。二是提升以群众需求为导向的专业服务能力。要主动作为，回应群众期盼，高效解决难题，提高服务队伍人员对群众需求和问题的发现、归纳和解决能力，使其切实为群众服务。三是提升综合治理的能力。提升专业化队伍源头治理社会矛盾纠纷、运用社会力量化解矛盾纠纷的能力，积极构建社会矛盾多元调解体系，提高综合治理能力，提升社会风险防范化解水平。

第三，加强实践锻炼。社会治理是一门综合学科，需要综合能力强、实践经验丰富的工作人员才能够良好地胜任，为群众切实解决复杂的问题和难题。因此，只有深入基层一线，在实践中磨炼，才能真正提高社会治理的专业和综合能力。一是要为专业队伍广泛提供实践学习机会。要在实践中了解群众需求，调动群众积极性，从而推动社会治理的各项工作落实落地。同时，在实践中不断磨炼自身，使专业素养和工作能力跟上时代节拍，在实践中提升切实解决群众难题的能力。二是要推动相关研究充分回应实践需要并助力实践发展。要切实发挥相关研究成果对社会治理实践工作的专业指导作用，做到理论指导实践，并在实践中丰富理论、发展理论。

5. 提高精细化能力水平

习近平总书记多次强调，城市管理应该像绣花一样精细。党的十八届五中全会也明确提出要加强和创新社会治理，推进社会治理精细化，构建全民共建共治共享的社会治理格局。所谓精细化管理，是指在绩效目标指引下，通过机构部门的科学设置、管理流程的重构再造、管理标准的统一规范、执行过程的精准精细、服务的以人为本等，达到降低行政成本、提高行政效率和让人民群众满意的效果。而社会治理的精细化水平，是指在绩效目标引导下，通过科学设置机构部门、优化管理流程，推动社会治理思维和方式转变，实现社会治理的标准化、具体化、人性化。具体来说，要注重把握不同地区不同群体不同领域不同问题的特点规律，因地制宜、因时制宜、因事制宜、因人制宜地开展工作，从而加强对社会问题的精准研判和有效干预，做到有针对性、有措施、有成效，实现社会治理的精细化和个性化。社会治理精细化是以科学、理性、精准为基本特征，通过提高精细化水平能够推动工作重心下移，切实解决服务群众的"最后一公里"问题，让社会治理的相关制度优势切实落地，实现对社会问题和社会风险的精准防控和精准治理，对于推进国家治理体系和治理能力现代化具有重要意义。

第一，优化精细管理。全面加强党的领导，以党建为龙头，推动社会治理精细化工作，完善党委领导统筹协调的体制机制，把党的理论优势、政治优势、制度优势、密切联系群众优势转化为推动精细化管理工作的强大效能。精细化管理可以理解为一种对战略和目标进行分解、细化和落实的过程。一是要管理思维精细化，规范管理工作。实现精细化管理的首要任务就是要强化精细管理的思维，将工作管理具体化、规范化，最大限度地提升管理效率，降低工作成本和管理误差。二是要分解工作任务，具体工作内容。优化精细管理要做到将具体工作内容进行合理分解，实现工作任务和内容的具体化、明确化，以优化工作效率和效能。三是要明确工作责任，实施针对管理。在分解了具体工作任务后，则是要将各项工作内容的责任落实到位，以便对工作进行总结、检查、优化等，提升工作效率，减少工作失误。

第二，完善网格化体系。网格化是实现精细化管理的有效手段。完善网格化工作体系，实施"网格化＋"工程，以网格化促智慧化、精细化管理，有利于长效机制的建立和常态化管理的落实。一是实现智能网格化。将网格化工作体系与互联网、大数据、物联网、微信圈等融为一体，善于运用互联网优势，着力在融合、共享、便民、安全上下功夫，推进政府决策科学化、公共服务高效化、社会治理精细化。二是搭建全方位网格系统。精细化治理在于不断满足各主体，尤其是居民群众多层次、多样化的需求。要搭建起构筑起纵向到底、横向到边和纵向联动、横向整合的"网格化"治理系统，不断提升社会治理精细化水平。三是将网格化工作与日常工作相结合。推进"网格化+"工程，促进各项工作的精细化、精准化，并将网格化数据链接入各项工作中，为城市治理和决策提供切实的数据支撑。

第三，实现精准服务。实现精准服务要求坚持以社区居民的服务需求为导向，科学合理地判别、分配、落实提供服务的工作人员，尤其是涉及教育、医疗、心理等专业性强的领域内的服务。一是要精准分类鉴别。进行社区居民所需服务的精准分类鉴别是实施精准服务的第一步。要对社区居民所需服务的领域、所处事件的紧急程度、所需特别注意的事项等进行初步且准确的分类鉴别。二是要精准责任落实。在分类鉴别后，要将不同类别和不同程度的事件进行分流，对接给相应的责任部门或责任人，并将其情况进行准确备注，这是服务分工的精细化。三是要服务规范创新。在服务实施阶段，对社区居民提供的服务，要在保证规范的基础上，实现针对化、个性化、创新化服务，实现不同人、不同时、不同阶段提供不同服务，以达到服务内容和质量的精细化。

结　语　一个探索性事业

——关于把中国式社会建设现代化不断引向深入

推进中国式现代化是一个探索性事业，推进中国式社会建设现代化尤其如此，要把中国式社会建设现代化当作系统工程抓，大力推进理论和实践创新，把中国式社会建设现代化不断引向深入。

一、把中国式社会建设现代化当作系统工程抓

习近平总书记指出："推进中国式现代化是一个探索性事业，还有许多未知领域，需要我们在实践中去大胆探索，通过改革创新来推动事业发展，决不能刻舟求剑、守株待兔。"推进中国式社会建设现代化尤其是一个探索性事业。要把推进中国式社会建设现代化当作复杂的系统工程抓，既要把握时代化特征、又要探索现代化规律、更要体现中国化特色，既要加强顶层设计、又要完善运行机制、更要夯实基层基础，既要加强政策引导、又要注重典型引路、更要鼓励实践创新，把我国制度优势更好地转化社会建设效能，不断增强广大人民群众的获得感、幸福感、安全感。

二、把中国式社会建设现代化不断引向深入

今天，我们迈上了全面建设社会主义现代化国家新征程，党和国家事业站在了新的历史起点，中华民族正以不可阻挡之势走向伟

大复兴。实现第二个百年奋斗目标，使命更光荣、任务更艰巨、挑战更严峻，我们要更加紧密地团结在以习近平同志为核心的党中央周围，全面贯彻习近平新时代中国特色社会主义思想，深入落实党的二十大精神，坚持自信自强、守正创新、踔厉奋发、勇毅前行，坚持问题导向、需求导向、目标导向、创新导向、效能导向，在推进体系现代化、机制现代化、能力现代化上下功夫、求实效，把中国式社会建设现代化不断引向深入，为强国建设、民族复兴作出应有贡献！

把中国式社会建设现代化不断引向深入

参考文献

《马克思恩格斯全集》第 1 卷，人民出版社 1956 年版。

《马克思恩格斯选集》第 1 卷，人民出版社 1995 年版。

马克思、恩格斯：《共产党宣言》，人民出版社 2014 年版。

马克思：《资本论》第三卷，人民出版社 2004 年版。

《毛泽东选集》第二卷，人民出版社 1991 年版。

《毛泽东选集》第三卷，人民出版社 1991 年版。

《邓小平文选》第二卷，人民出版社 1994 年版。

《邓小平文选》第三卷，人民出版社 1993 年版。

胡锦涛：《坚定不移沿着中国特色社会主义道路前进　为全面建成小康社会而奋斗——在中国共产党第十八次全国代表大会上的报告》，人民出版社 2012 年版。

《习近平谈治国理政》第一卷，外文出版社 2018 年版。

《习近平谈治国理政》第二卷，外文出版社 2017 年版。

《习近平谈治国理政》第三卷，外文出版社 2020 年版。

《习近平谈治国理政》第四卷，外文出版社 2022 年版。

习近平：《决胜全面建成小康社会　夺取新时代中国特色社会主义伟大胜利——在中国共产党第十九次全国代表大会上的报告》，人民出版社 2017 年版。

习近平：《高举中国特色社会主义伟大旗帜　为全面建设社会主义现代化国家而团结奋斗——在中国共产党第二十次全国代表大会上的报告》，人民出版社 2022 年版。

习近平：《在庆祝中国共产党成立 100 周年大会上的讲话》，人民出版社 2021 年版。

习近平：《论坚持全面依法治国》，中央文献出版社 2020 年版。

中共中央文献研究室编:《习近平关于社会主义社会建设论述摘编》,中央文献出版社 2017 年版。

中共中央文献研究室编:《十八大以来重要文献选编》上,中央文献出版社 2014 年版。

中共中央文献研究室编:《十八大以来重要文献选编》中,中央文献出版社 2016 年版。

国家发展和改革委员会编:《〈"十四五"数字经济发展规划〉学习问答》,人民出版社 2022 年版。

《中华人民共和国国民经济和社会发展第十四个五年规划和 2035 年远景目标纲要》,人民出版社 2021 年版。

郑杭生:《社会学概论新修》第五版,中国人民大学出版社 2019 年版。

魏礼群:《中国社会治理通论》,北京师范大学出版社 2019 年版。

陆学艺:《当代中国社会结构》,社会科学文献出版社 2010 年版。

宋贵伦:《北京社会建设概论》,中国人民大学出版社 2013 年版。

宋贵伦:《十年磨一"建":社会建设理论体系与实践路径研究》上下册,中国人民大学出版社 2019 年版。

宋贵伦:《回归社会建设:40 年理论与实践研究》,中国人民大学出版社 2021 年版。

宋贵伦:《中国社会建设现代化之路》,中国人民大学出版社 2022 年版。

习近平:《坚定不移走中国特色社会主义法治道路 为全面建设社会主义现代化国家提供有力法治保障》,《求是》2021 年第 5 期。

《习近平在学习贯彻党的二十大精神研讨班开班式上发表重要讲话强调 正确理解和大力推进中国式现代化 李强主持 赵乐际王沪宁蔡奇丁薛祥李希出席》,《思想政治工作研究》2023 年第 3 期。

《习近平主持召开中央财经领导小组第十一次会议强调 全面贯彻党的十八届五中全会精神 落实发展理念推进经济结构性改革》,《理论导报》2015 年第 10 期。

魏礼群:《积极推进社会治理体制创新》,《行政管理改革》2014 年第 8 期。

宋贵伦:《坚持和完善民生保障制度和社会治理制度——以党的十九届四中全会精神为指导加强社会建设》,《社会治理》2020 年第 2 期。

《"十四五"国家信息化规划发布》,《现代教育技术》2022 年第 1 期。

视频索引

本书视频摘自人民出版社制作的"深入学习贯彻党的二十大精神"学习辅导系列视频课之《全面推进中国式社会建设现代化》和"《习近平谈治国理政》（第四卷）学习辅导"系列视频课之《把握新时代我国社会建设的着力点和重点》，该视频课主讲人为本书作者宋贵伦教授。

后　记

党的二十大概括提出并深入阐述中国式现代化理论，是一个重大理论创新，是科学社会主义的最新重大成果。正确理解和大力推进中国式现代化，是当前和今后工作的重大任务。作为中国式现代化的重要组成部分，中国式社会建设现代化理论研究和实践创新的任务更加艰巨繁重。作为社会建设理论和实践工作者，应该深入学习研究、积极探索创新，这是历史使命和光荣职责。

我从 2007 年 10 月到 2018 年 11 月，担任北京市委社会工作委员会书记、北京市社会建设工作办公室主任 11 年有余，从 2018 年 12 月调到北京师范大学国家高端智库中国教育与社会发展研究院、社会学院以来，从事社会建设研究与教学也将近五年，在这个战线上工作共计近 16 年，是中国社会建设领域的一个"老兵"、中国式社会建设现代化试验田里的一个"老农"。16 年来，辛勤耕耘、积极探索，获得不少理论和实践的"收成"。仅就著作而言，已有《北京社会建设概论》、《十年磨一"建"：社会建设理论与实践路径研究》（上、下册）、《回归社会建设：四十年理论与实践研究》等，特别是近五年来，我带领团队集中开展了中国社会建设现代化研究，提交了一系列国家级课题研究报告，2022 年 4 月又出版了《中国社会建设现代化之路》一书，对中国式社会建设现代化进行了初步研究。2022年 10 月，党的二十大概括提出并深入阐述中国式现代化理论，进一步为我们指明了前进方向，使我们有了更加明确的遵循。本书就是在已有工作基础上进一步学习研究党的二十大和习近平总书记重要讲话精神的最新成果。

本书加上导言和结语共从十个方面对中国式社会建设现代化理论体系和实践路径进行了研究解读。总体思路和基本构架是：第一，明确一个指导思想：以习近平新时代中国特色社会主义思想和党的二十大精神为指导；第二，确立一个目标：全面推进中国式社会建设现代化；第三，坚定一个本质属性：以人民为中心；第四，坚持和完善两项基本制度：统筹城乡的民生保障制度和共建共治共享的社会治理制度；第五，畅通一个通道：发展全过程人民民主；第六，找准一个突破口：推进市域社会治理现代化；第七，夯实一个基础：加强和创新基层社会治理；第八，坚持一个标准：不断提升社会建设效能，让广大人民群众有更多的获得感、幸福感、安全感；第九，落实好一项任务：不断把中国式社会建设现代化引向深入。

本书既是个人多年学习研究成果的总结提炼，也是集体智慧的结晶。近五年来，有一个较大的专家、研究生团队与我一起开展了中国式社会建设现代化系列专题研究。此次参与本书编写的是郭悦、梁家祺、杨瑞雪三个在读博士和中共北京市委前线杂志社社会编辑部副主任宋明晏博士。他们帮助做了大量具体工作，在此向他们及一直以来支持我工作的研究团队表示衷心感谢！

正如习近平总书记所指出的那样，推进中国式现代化是一个探索性事业，还有许多未知领域需要我们在实践中去大胆探索。中国式社会建设现代化，作为"五位一体"总体布局中相对复杂综合而又发展滞后的一个方面，未知领域更多，需要研究探索的问题更多。本书对此重大问题的学习研究还是初步、粗浅的，不当之处，敬请读者批评指正。

宋贵伦

2023 年 6 月 2 日于北京师范大学

总 策 划：王　彤
策划编辑：陈　登　徐媛君　冀红梅
责任编辑：徐媛君　王雨晴
特邀编校：马柳婷
封面设计：石笑梦

图书在版编目（CIP）数据

全面推进中国式社会建设现代化／宋贵伦　著 . — 北京：人民出版社，2023.11
（2024.4 重印）

ISBN 978 - 7 - 01 - 026048 - 8

I.①全…　II.①宋…　III.①现代化建设 - 研究 - 中国　IV.① D61

中国国家版本馆 CIP 数据核字（2023）第 202226 号

全面推进中国式社会建设现代化

QUANMIAN TUIJIN ZHONGGUOSHI SHEHUI JIANSHE XIANDAIHUA

宋贵伦　著

人民出版社 出版发行

（100706　北京市东城区隆福寺街 99 号）

北京中科印刷有限公司印刷　新华书店经销

2023 年 11 月第 1 版　2024 年 4 月北京第 2 次印刷

开本：710 毫米 × 1000 毫米 1/16　印张：12.5

字数：138 千字

ISBN 978 - 7 - 01 - 026048 - 8　定价：42.00 元

邮购地址 100706　北京市东城区隆福寺街 99 号

人民东方图书销售中心　电话（010）65250042　65289539